당신을 표절하고파

임금남 시집

시와
사람

당신을 표절하고파

2025년 12월 25일 인쇄
2025년 12월 31일 발행

지은이 임금남

펴낸이 강경호 편집장 강나루 디자인 정찬애
펴낸곳 도서출판 시와사람
등록 1994년 6월 10일 제 05-01-0155호
주소 광주시 동구 양림로119번길 21-1(학동)
전화 (062)224-5319 E-mail jcapoet@hanmail.net

ISBN 978-89-5665-811-7 03810

값 15,000원

이 도서의 국립중앙도서관 출판예정도서목록(CIP)은
서지정보유통지원시스템 홈페이지(http://seoji.nl.go.kr)와
국가자료종합목록 구축시스템(http://kolis-net.nl.go.kr)에서
이용하실 수 있습니다.

당신을 표절하고파

■ 시인의 말

또 한 층의 탑이 쌓이는 이 계절
마음 뿌듯하다.
문학은 평생 함께 가야 할 즐거움의 동반자
피로가 몰려와 성가시게 치근덕거려도
시집만 펼치고 시만 쓰면 마음은 훨훨 날개 단다.
어쩌다가 문학을 사랑하게 되었는지
수백 번 생각해도 가장 보람 있는 선택이다.
우리가 살면서 먹어서 배부른 것이 중요하지만
지식의 양식 또한 배가 불러올수록
인격 가치가 올라간다.
앞으로 몇 층의 탑을 더 쌓아올릴런지
그 키는 건강이 쥐고 있다.
오래 함께한 박덕은 교수님
이젠 실력도 성격도 익을 대로 익은
홍시 맛 같은 느낌 속에
저자의 실력도 따라갈 수 있도록
달리기를 멈추지 않아야겠다.

2025년 11월 22일
- 겨울이 물드는 풍경 속에서 임금남 드림

임금남 시인

박덕은

한생의 저녁을 이해하기 위해
바람과 별빛과 신비가 들락거리는
골짜기의 물소리
자꾸 가슴에 흘러
노래의 향기가 되었다

차오른 열정의 텃밭
거기 정수리에
옹기종기 모인 추억

폭넓은 자아로 익어가며
한 행 한 행 깊어지는 취향으로
하나씩 시심 들고
쭉쭉 일어서더니
환희의 우산을 펼쳤다

산모롱이 돌아 돌아

동네 어귀까지 내려온
회한의 산그림자

기억으로 덧대어진 시간의 표정은
감각적이며 직설적이기에
어제의 징소리 타고
하얗게 날아와
고요의 의미 줄 세우고

입에 붙은 말맛 서로에게 권하는
담소의 그릇이 커져
마침내 이뤄낸
저 널따란 눈물의 광장

이제는 다소곳이
평온과 안녕의 기척으로 다가오는
사색의 보금자리 틀고 앉아
꿈길 닮은 기도 올리고 있다

다시 파래진 회상 자락
펄럭이며 일렁일 때
햇귀의 용솟음이 길을 연다.

당신을 표절하고파 / 차례

제1부 밤을 품에 안고

제2부 설경 앞세우고

제3부 아지랑이 꽃길 따라

제4부 당신을 표절하고파

서평

당신을 표절하고파

제1부

밤을 품에 안고

도로 위 술파티

취객처럼 비틀거리던 화물차
중심 잃고
와르르 무너져 내리며
순식간에 술에 취해
도로를 점령한다

속도에 굶주린
건방지고 취기 어린 바퀴가
끌려다니다가
끝내 사고로 이어진
저 궁색한 도수들

잠시 후
사이렌 경적 울리며
달려온 수습 대원들
널브러진 상황에 눈앞이 캄캄해
정신 뒤죽박죽이고

눈물 적시는 취기에
헛발질하는 오후 다섯 시는
해 질 녘으로 가는 차에
무임 승차하고

지지배배 지지배배 노래하는
취객들도 올라탄다

통성명도 하지 않는
불콰한 술의 감정들이
길바닥 벌컥벌컥 들이키며
곤드레만드레
도로 정리 끝났지만
술 냄새는 여전히
바닥을 서성거리고 있다

바다가 손짓하는 여름

짠내 나는 그늘 맛이 좋아
파랗고 노랗고 붉은 여름의 생각들이
제 몸에 맞는 그림자를 펼치는
비치파라솔에서 마주 앉은 연인
커피잔에 얼음 사탕 등장에
오후의 태양
이맛살 찡그리며 물러선다

가파른 허공의 물살에 길을 놓칠까 봐
비릿한 입술 앙다물고
맑은 지느러미 파닥거리며 달려온
한 무더기 갯바람
해물 한 동이 퍼다 부으며
탕 집 재촉하고

바다 가까이 별장 한 채
시큼한 감정 뚝뚝 흐르는 절정이
푸른 문장으로 자라는 청포도 한 그루
사생활 보호하는 유전자가 제 키 늘리더니

담장 너머 까치발 디디고
바깥 훔쳐보며

갈매기 울음 파도 소리에
탱글탱글 곱게 익어간다

서성거리는 불면 속에서
날 선 의식의 끝자락 붙잡고
꽃피는 이력도 없이 잃어버린 그리움
한 소절 이어준 낙서 같은
잊지 못할 추억 한 페이지

친구

평온이 찰랑대는 커피 한 잔
탁자에 마주앉는다
정리되지 않는 기분
콧속 스치는 그 한 모금
마음은 하늘가 구름 위 맴도는
백조 한 마리

귓가 스치는 고운 말 주워 모아
머릿속 저장하고
눈에 보이는 예쁜 사물 마음에 담아
여물어 가는 오늘 하루 잔 속에 띄운다

더욱 산뜻하고 품격 높은 맛
기분은 한 차원 널뛰기하며
까마득히 멀어져간 추억들이
우우 되살아나
시야는 구절초밭에 머문다

단풍잎 막무가내로 흩날리던 그날
이 마음 두어 점 고명 얹어
홀짝거리는데
느닷없이 쏟아내리는 청춘 부스러기

학창 시절 소환한 짜릿한 마음

커피 한 잔이 가져다준 마음의 변화
행운 한 움큼 떠안은 기분이다.

버드나무

짱짱한 햇살 욕심껏 끌어안고
시냇물에 찰랑찰랑 발 씻는 품새
어쩜 저리 막내딸 머릿결인지

미세 바람에도 온몸 흔들어대는
저 호리호리한 허리
지조 있어 태풍에도 부러지는 일 없다

심심할 때면 노랑 블라우스
파란 망토 신사 불러
아름다운 곡조 맞춰 맘대로 나대고

보는 안목 높아
자질구레한 친구와는 상대하지 않는
거만한 자

맞은편 한 쌍의 연인
단물에 풍덩 빠져 갱엿 되어가는데
휘파람으로 유혹하는 음흉한 속셈

겉으론 여리디여린
순진덩이로 보이지만

까발리면 풀어내지 못할
스무고개 한가득

여름 하루가 오밀조밀
알찬 글감 선물하며 무게 잡고 지나간다.

봄 연가

모란이 오월 손 내미는 계절
풀 향기 제철 만나
푸른 하늘과 견주고

꽃잎 한 잎 한 잎 주워 모으며
지나버린 추억 더듬는다
문설주 따라온 발그레한 웃음
제비꽃 향해 기쁨 나누고

사색 깊이 파고드는 이 순간
푸른 가슴 초원 향해
한 마리 양이 되어간다

여기는 어디인지
한순간 초동 행세로 본심 잃어
어리굴젓처럼 흐물흐물

몸은 허물어져 간 초가인데
마음은
수억대 영화 속 별장.

씨앗

머릿속 한 권
시어 태동이 몸부림치며
오늘 세상과 만나기로 했다고
진통 심하다

종이 볼펜 깔판에
경험자 시인이
산실 들어선다

이리저리 진단 결과
곧이어
출산할 거라는 희소식

아픔이 컸던 만큼
종자도 튼실하다
장차 큰 인물이 될 거라
확신한다.

새벽 산책

산마루 올라
아스라이 내려다본 풍경
꿈에 본 그림이다

잡념으로 꽉 채워진 머릿속
스치고 간 바람이 싹 쓸어가고
새파란 풀잎 싱그러움
빵빵하게 채워 준다

아침 출근길 서두르는
동쪽 모범 사원
헐레벌떡 달려오느라
온몸 분홍빛이다

오늘 하루
화가로 활동할 거라는
보도에
주부 움직임 바쁘고
가정마다 건조대 무대 삼아
탈춤꾼 한판 벌인다

한여름 한가득 머금은 앵두

손대면 터질 것 같은 팽창함
아슬아슬 비눗방울

오랜만에 주렁주렁 매달린
입가 웃음꽃 한입씩 떼어먹으며
오늘 일 머릿속 입력한다.

익어가는 과정

계절이 똑똑 가을 문안 인사 왔다
아직 커 가고 있는 사과
재촉하는 두드림 소리에
어쩔 줄 몰라 우왕좌왕

이따금 스치고 간 천연 향기 바람
열매 고운 옷 입히느라 분주하고
덩달아 이 눈길도 복숭아에 머물러
하루하루 관찰하기로 했다

집중한다는 건 관심 있다는 것
주어진 숙제 알아내기 위해서는
악착같이 연구에 연구를
파고들어 가야 했다

깊이와 씨름하는 사이
시간은 흘러 파란빛 지워져 가고
노르스름 옷으로 갈아입었다
일주일만 더 지켜보기로 했다

연노랑 바탕에
분홍 붓질 마무리한 작품

어떤 후보자 의상보다
한눈에 쏙 들어왔다

겉모양만큼이나 맛 또한
입안에 퍼지는 상큼함 최초 맛
보름 동안 사과 연구에 몰두한 보람
일급 자격증 따낸 기분이다.

적막 속 작품

기억이 태동처럼 꿈틀거린
기분 묘한 밤
어둠은 짙게 깔려
시야를 흑싸리판 깔았지만
기분만은 따스한 임의 품속이다

인적 없는 허름한 시골길
방향 감각 무딘 발걸음
가야 할 길 짐작할 수 없어
조바심인데
시간은 신이나
엉덩이 춤사위 꼴불견이다

초하룻날 침묵 속
가라앉은 몸뚱이
연신 뙤작거리며 고독 씹고
가녀린 풀잎
바람결에 신경 곧추세우며
강자임을 과시한다

불안함을
번화가 불빛에 입양 보내고

자신 몸 한 걸음씩
성장 향해 공들인다
꽃늪에 묻혀 눈물 글썽이던
파란 잎새들

때가 되니 울긋불긋 고운 자태
천하를 비추는 태양이 부럽지 않다.

이별

가을빛 부서져 내리던 날
마을 풍경은 내 품안에 들어와
고이 잠들고
오랫동안 뚝 끊겼던 그리움의 동산
오늘에야 다시 오른다

잃어버린 지난날 회상하며
뭉텅뭉텅 떠오르는 감정 지워질세라
영원토록 잊지 않을
튼튼한 장벽에 못 박는다

그분과 나 사이엔
우편 카톡도 어두운 세상
그리움은 바위처럼 굳어 땅속 묻히고
캐낼 수 없는 잔해들만 몸부림친다
만나자는 약속 없었지만
이 시간도 무심코 오르는 그 언덕

꽃은 피고 지고
어제 같은 태양은 다시 떠올라도
과거 추억은 길을 잃었는지
떠날 줄 모른다

입술 끝에 매달린 자음과 모음
잘근잘근 씹으며
이 순간도 남쪽 향해 날아오는
기러기 편에 소식 물어본다.

수박

몇 개월 동안 다지고 뭉치면서
여름까지 굴려 왔다
지구 볼 닮아 육중한 몸매
푸른 초원 뒹굴면서 단련시켜
이젠 고객들 앞에 선보일 차례

모나지 않고 둥근 모습부터가
우리 인기 꽉 잡고 있다
태양이 온도를 끌어올릴수록
값이 상승하는
몸짓 큰 거만한 자

몇 개월 동안 공들인
보물 상자 여는 순간
까만 눈동자 또록또록 세상 향해
미소 짓고

진분홍 발그레한 얼굴은
남녀노소 꺼벅 넘어간다
보는 것만으로
만족감 안겨주는 대단한 능력자

지독한 더위도 꼼짝 못하는
무시무시한 위력
매년 여름이면 우리 곁을 찾아와
시원함을 선물하는 믿음직한 동반자.

밤을 품에 안고

어둠 밝혀주는 소리 없는 달빛
산사 목탁 소리 장단 맞춰 들려오는
하모니카 연주
굽이굽이 꺾어질 때마다
가슴 흥건히 젖어드는 가락

그 음률 속엔 자신의 실력 들어있고
대중들 함성 박수도 터져 나온다

검푸른 하늘에 흰구름
한 점 한 점 수제비 죽 쑤느라 바쁘고
누구를 초대했는지
긴 시간 기다려도 모습 나타나지 않는다

고요 한 줄기 끌어와
소곤소곤 정담 나누는데
들녘이 부르는 소리에 뒤돌아보니
십일월의 텅 빈 논배미 배고픈 뱃속 같다

출발 기다리고 있는 백마부대
들판을 하얗게 점령하며
낭만 한 차 실어와 전국 순회할 것이다

잔뜩 들뜬 설렘
풍경과 이야기 주고받으며
밀려오는 밤의 정취를 욕심껏 껴안는다.

홍시

아침 햇살 창문 향해
두 팔 길게 뻗은 이 시각
연지 곤지 단장한 십일월 손님
주인 손길 기다리며
시렁 위 두리번거린다

아늑한 보금자리
대가족 모여 진지한 회의 중
누가 먼저 할아버지 할머니께 효도할까
빨간 장미 후보자 선두로
연지 곤지 홍매화도 두 손 번쩍 든다

단합이 굳게 뭉칠수록
빨리 효도할 수 있다며 서로를 껴안고
시간과 한 조 되어 소곤소곤
우정의 달콤한 맛 모아
말랑하게 숙성되어 간다

느릿느릿
최고의 맛으로 선보이겠다는
다부진 기세
농익은 깜찍이들

쟁반 위 낭창낭창 춤추는 자태
찬란하게 떠오르는 태양 닮았다.

꿈은 먼 곳에

걱정 한 짐 떠안은 마음의 무게
점점 가라앉는다
답답한 마음은 모래덩이 되어
중심 잃고 비틀비틀

창공 날고 싶은 새라고나 할까
견딜 수 있는 한도가 소진되어
마지막 발악 쏟아내며
바람 따라 흩어지는 망상은
허공을 정처 없이 난다

기력 주워 담지 못하고
질질 흘리는 형상
얼마나 많은 날 몸부림쳐야
환한 길 걷게 될까

어둠 깔린 시야는 내일 향해
고요 속 사라지고
연신 쏟아지는 긴 한숨 싹뚝 자른다

과거가 발끈하며
젊은 시절 행복 잊었느냐 나무란다

지금도 그렇게 살면 안 되느냐
따진다.

시 세계 탐색 중

이 시간도 종이 볼펜 앞에 앉아
시상과 작전 중이다
색다른 종자 구하기란
겨울철 찔레꽃 보는 것보다 귀하다

어느 때가 되어야
대작 한 편 등장해
얼굴 가득 꽃 한 송이 그려 놓을까

바다에 고래를 낚으려는 포부도 아니고
금은 보석함 욕심내지도 안 했는데
왜 나를 외면할까

평생 한 편의 시를 쓸지언정
세상을 들었다 놨다 할 수 있는
작품 한 편만 선보인다면
천 편 무슨 의미 있으리.

편백숲

솔솔 바람결에 그림자 춤추고
그 틈새 엿듣는 햇살 한 줌
이리 살짝 저리 살짝 도리질한다

허공 뚫고 날던 동박새 한 쌍
깃털 하나 주워 손에 들고
따스함 부드러움
사랑 품었던 체온도 느껴 보며
파닥이는 생동감에서
희망 한 줄기 빛으로 흐른다

숲은 여전히 향기 속에 묻혀
오는 손님 건강 한 아름 안겨주며
바람 한 줄기로 상큼함까지 선물한다
오후로 끌려가던 말랑한 기온
남풍이 데리고 온 꽃잎과 악수 나눈다

헤집고 끼어든 늦여름
심술덩이 풀어놓아 열 기습으로
온몸 끈적끈적
시원함을 선사하는 푸른 숲
금시에 고슬 고슬이 활짝 웃는다.

통일을 그리워하며

건널 수 없는 북한강 언저리
곱게 피어있는 찔레꽃 한 무더기
바람 따라 남쪽 향해 고개 내민다

밍향가 한아름 안고
남한 땅 그리워하며
오늘도 멍하니 바라보다
시나브로 지쳐 간다

작전은 멈추었지만
싸늘한 기운은 북한 냄새 진동한다
인적 없는 으스스한 이곳
꽃향기는 누구의 허락 없어도
자유롭게 피고 진다

햇살과 바람 편에
마음만 따라 보낼 뿐
어느 때가 되어야
남과 북 경계선 허물어질 때 올까

언젠가는 저 꽃잎도 바람 따라
남으로 남으로 향할 것이다
꿈을 포기하지 않은 채.

산행 일기

지리산 오르는 길 거미줄이다
어느 길을 따라야만 눈요기 길이고
힘든 길인지 그게 관심사다

가다가 지치면 통나무 벤치에 앉아
맞은편 향해 메아리 보내고
너럭바위 자리 잡아
도시락 풀어 배고픔 해결한다

골짜기 흐르는 물을
찌개 끓는 소리라 상상하며
훌렁훌렁 밥 말아 주린 배 채우고

나뭇가지
임 향해 손 흔드는 노란 손수건
나풀나풀 어서 오라 반긴다

여기저기 매달린 열매들
흰 분칠에 립스틱 바르고
공양주 목적으로 곱게 곱게 익어간다
새 신부 신랑보다 예쁘다.

고생 담긴 뒷이야기

저 벗길 수 없는 얼룩
세월이 그려놓은 찌든 무늬
더 깊이 들어가면
버금버금 아작나는 징비 많다

눈만 뜨면 움직이고
때론 자신보다 무거운 짐도
들고 날고 하며
험한 일 수없이 헤쳐 나왔다

들녘에선 쌀밥 내음 온몸 감싸고
몸뚱이에선 흙 내음 폴폴
가을 내내 고생 벗어 놓은 잔상들
아기자기 박물관 전시품
얘네들이 뒷이야기 말해 주고 있다

오밀조밀 가을걷이 안에서는
꽃피었던 시절도 이야기하고
열매 익어가는 과정도 꼼꼼히 기억하며
여기까지 걸어온 길 낱낱이 고백한다

차례 기다리는 가을 곡식 자랑둥이

곳간이 왁자하다
자식만큼이나 옹글지다.

잠겼던 시 오픈 중

에스콰이어 거리
한여름 북적대던 사연 내려놓은 채
찬바람 채찍에
아픈 다리 절룩거리며 쫓겨난 신세

푸른빛 잃은 아쉬움
드센 치맛바람 무리에게
까칠해진 모습으로
외면당한 썰렁한 가로수

당당하던 기세
시간 지나 버려진 초대권처럼
아쉬움 삭히며 훌쩍훌쩍

미니 백에서 지켜보던 종이 볼펜
시심 주섬주섬 주워 담으며
거침없이 백지 위 질주한다

진주 구슬 하나하나 꿰매는 정성으로
또록또록 나열하며
푸르름에 목말랐던 심정
꾹꾹 씹어 삼키며
현실 따라 오늘 하루 번뇌 내려놓는다.

단란한 가정

석양이 해를 감추고
어둠 데려올 때
제각각 둥지 찾아 발걸음 바쁘다
하루의 고단함을 부려 놓을 수 있는
가정의 따스한 온기

누적된 피로가 쫓겨나는 안식처
무채색 마음속에서 우러나오는
해맑은 웃음소리
직장에서 느껴보지 못한
온화한 피로 회복제

오고 가는 대화 속에
우정은 송알송알
즐거움 만들어 내는 가정이란 공장은
그 어떤 것과 비교할 수 없다

오늘 수고했어요
당신도요
부드러운 이 한마디 속에
달디단 알사탕처럼 하루 피로가
녹아내린다.

초가을

한 계절 내내
온누리 질겅질겅 밟으며
느린 걸음으로
시간 갉아먹는 붉은 여름

자기 자리 찾아온 가을바람
만물이 시절 따라
토실토실 몸 부풀어 간다

구름 속 뚫고 높이 나는 도요새
이사 갔는지 친정 갔는지
모습 본 지 오래고
한낮은 여전히 여름 냄새
지독하게 풍기며 막바지 발악한다

저편 가장 자손 길게 퍼뜨린
호박 넝쿨
헛간 한 채 다 차지하며
떡 버티고 앉아

내가 여름 불러들이고 있으니
안심하고

건강 관리나 잘 하라 큰소리친다.

해님 정체

동녘 하늘 벗어나
온 세상 차지한 태양
가다가 지치면
벤치에 앉아 쉬어가기도 하고

웃음소리 새어 나오는
아씨 창문 귀기울여
엿듣기도 한다

계절 따라 다양한 작품 전시해 놓고
일억 대 경매에 재미 쏠쏠하다고
큼직한 입 벙긋벙긋

어제는 구름 친구네 외출하더니
오늘은 호수에 내려앉아
어류 떼 관찰에 몰입한다

가는 길이 그의 거처
비추는 곳이 그림 도구에 멋진 걸작
어느 누가 무일푼으로
세상 작품 다 그려내는 자 있으리.

특별한 자가 되려면

작품 속 방긋 웃는 미인도
목 놓아 소리 내어 웃고 싶었지만
미모에 흠집 생길까
애써 인자한 모습 보인 것

털어내면 아픔 없는 자 있을까
자신의 깊이를 몽땅 드러낼
필요는 없는 것

각진 액자 속
미소 짓는 모나리자도
모두가 부러워하는
인자한 한국인의 여인상

소재의 내용 되새기며
단 한 편의 작품을 감상할지라도
영원토록 지워지지 않는 문신의 틀이
되어야만 진짜 예술인

우리 모두 액자 속 주인공처럼
인자하고 지식 꽉 찬
진가 높은 시인이 되어야 하리.

용도 변경

질펀히 깔아 놓은 지평선 도화지
농군들에겐 연장이 필묵
미술대생 아닌 농부 예술인

꽃피고 열매 맺은 시기
화가의 능숙한 그림 솜씨가
갖가지 모양으로 자태 뽐내고 있다

거둬들이는 기쁨
전시장에서 빛을 발사하며
입소문으로 꼬리가 길어져
한철 성황리 북적북적

관람객 지폐가 통장 수입금으로
차곡차곡 쌓이면서 곳간이 한가득
부자가 되려면
화선지 넓은 땅에 미래 꿈 무한 펼쳐라

노력은 거짓 없는 생산자 수입
땀방울이 뿌린 대가
외면하지 않는다

저 멀리 들녘에
이삭 줍는 밀레의 아름다운 모습을
생각하면서.

축복받는 날

봄이 미소 짓던 과거 시절로
후진한다
초례상 원앙 한 쌍 입회하에
족두리 사모관대 차려입고
맞절하며 부부가 되던 날

매화꽃 개나리도 함께 따라
기쁨으로 가득 찼지
세상에 태어나 결혼식 날처럼
화사한 때 언제 또 있을까

그때 조간신문 일면에
큼직한 기사 보고 하룻밤 사이
신데렐라가 된 기분이었지

여느 때와 달리
그날 눈길은 신문 펼쳐 본
자에게로만 집중되면서
묘한 감정 속에 매료되어

슬플 때는 한 번도 없었던 것처럼
행복 마차만 탄 기분이었어

오늘만은 눈에 보이는 것
귀에 들리는 것

모두 다 행복이었지
들뜬 마음은 가슴 벌렁벌렁
시간이여 멈추어 다오
이 순간을 영원히.

제2부

설경 앞세우고

설경 앞세우고

두 팔 벌려
하얀 눈 껴안은 숲속 나무
온몸 눈송이에 맡기고
히말라야산맥 설경 흉내내며
추위를 모서리부터
도려내고 있다

태양이 나타나면
흔적 없이 지워질 약속
노송 몸뚱이에 새겨 놓고
먼저 간 발자국 도장 찍으며
마을 향해 내리막길 걷는다

맞은편
골짜기 향해 메아리 외쳐도
잡새가 삼켜버렸는지 무소식이고

오랫동안 발길 뜸한 들녘
주인 발자국 그리워
찬바람 속에 윙윙 울며
길손에게 안부 묻는다

또다시 구름 덤벙거리며
하얀 무리 준비 중이고
초대한 적 없는 바람은 느닷없이
찾아와 성가시게 옷깃 파고든다

어둠 속에 환한 길

출렁다리만큼이나 흔들리는
복잡한 퇴근 버스
몸빼 바지 앞치마 두른 아줌마
잡다한 좌판 살림 껍질
한 보따리와 함께 차에 오른다

예절 법도 잘 익힌 학생
자리 제공한다
오늘 하루 고단함을 등받이에 기댄 채
한숨과 허기를 창밖에 던진다

지나간 발자취만큼이나 스쳐가는 풍경들
그 안엔 고생이 가장 넓게 자리 잡아
드르렁드르렁 급행열차 갈아탄다

한 목숨 이어가는 과정
이다지도 허덕임에
빠져나오지 못할 줄이야
구부러진 허리가 아픈지
아이고 연발이고 몸뚱이 반은 누워 있다

퉁퉁 부은 다리는 울먹이며

언제 평온 나라 데려다 줄 거냐며
울부짖고
쇳덩이 한 바지게 짊어진 생의 무게

바닷물에 소금 자루 녹이듯
훌렁훌렁 씻어 내고
가벼운 마음으로 새 삶의 길 걷기를
두 손 합장한다.

언덕에 올라

따스한 햇살 온몸 두르고
맘껏 뛰노는 양 떼
어릴 적 우리 애들 보는 듯하다

연꽃 만발한 연지에는
백조 떼 무리 지어 몸매 과시하고
인파 웃음소리
자글자글 즐거움 퍼 나른다

손님 없는 한적한 정류소
멈춤 없이 굴러가는데
세발자전거 타는 할머니
온몸 호강이 주렁주렁 매달렸다

과거 고생문 통과해
현시대 누리고 다닌 모습
한 차원 눈높이 과시하며
가파른 길인데도 억척스레 무사통과

귀밑머리 백발
바람결에 휘날리는 삼륜 자동차
부러움이 낙엽처럼 우수수
쏟아 내린다.

뒤집힌 상황

갑자기 고양이 눈동자가
별똥 쏟아 내린다

저편 구석진 곳에서
고기 한 점 살랑거리며
러브콜 보내는데

웠다메 눈치코치 없는 바둑이
컹컹 짖어대며 아양 떤다

사랑 구걸할 낚싯밥인데
애먼 녀석이 뽀짝거리다니
불꽃 튀는 경쟁 사태 한바탕에
그만 여우에게 당하고 말았다

급기야 횡재 만난 바둑이
고기 사냥에 사랑 사냥까지 성공
세상 다 가진 기분

신방 차렸던 기분
구름밭에 두둥실 띄우고
주체할 수 없는 흥분 함께 따라
하늘 훨훨 난다.

봄 내음

따오기 한 마리 날아간 거기
개울물 햇살 불러
진지한 회의 중이고
무작정 흐르는 시간의 강이
고요를 휘감는 이곳

피라미 떼 앞마을 잔치 마당
나들이 가고
따라갈 수 없는 우렁이만
물푸레 들락거리며 징검새우와
어릴 적 숨바꼭질 흉내내고 있다

길가에 민들레
삼월 끌어오느라 얼굴빛 샛노랗고
언덕 넘어가려던 아지랑이
햇살에 붙잡혀 오도 가도 못해
제자리 차렷

나비는 바람과 함께
발레 춤 신났고
봄이 펼쳐 놓은 잔칫상
보이는 것이 시의 종자 재료

머릿속 담겨 있는 지식 상자
활짝 열어
백지 가득 별을 주워 담는다.

독서하는 날

오랜만에 서점 향한다
정해진 시간 너머에
상들리에 불빛 번지고
그 빛이 고요를 깨우며
주변은 왁자지껄

이곳을 지나는 인파 물결
마음의 빈자리가 술렁이고
진열대 정돈된 인기 서적들
유난히 겉포장까지 화려하다

저편 빛바랜 책꽂이에는
장마가 전세 들었는지
주변 후질하다

자신의 책도 저기 놓일 거라는
불안감
마음 한구석 끼어들어
언짢은 기분에 손에 잡히는 대로
한 권 집어 든다

손에 안기는 순간 시집은

값어치 있는 선물로 변신하며
눈빛 초롱초롱

한강 작가를 만났다면
책은 봄날 꽃잎 흩날리듯
온누리 퍼져 나갈 텐데.

하나로 뭉쳐진 진미

윤기 자르르
검정 드레스 차림에 우아한 자태
들과 바다의 만남
그 누구도 거절할 수 없는
신선한 김밥

다정한 간격으로 동글동글 뭉쳐져
온전한 표정 얻기 위해
하얗고 까만 일생이
곡선의 배경으로 자리하며
한 겹 한 겹 마는 일에 집중한다

혼자서는
세상으로 나갈 수 없어
앞과 뒤 옆에
우리의 체온 알록달록 나열하고
내일의 안색 견인할 수 있도록
고소함의 자세 바른 저 태도

울긋불긋 꽃송이 활짝 피어나
방실방실 웃는 모습
어찌 저리 곱고 예쁠까

고객 식성 따라 많게 또는 적은 숫자 출동

서걱서걱 칼날 밀어도 간이 맞는 애들은
서로를 끌어당기며
쫀득한 연대로 이어 나가
속이 꽉 찬 동그라미 한 생으로
전국 미식가들을 사로잡는 대단한 별식

출세를 꿈꾸며

허접했던 제 일 막 인생
커튼 내리고
동쪽 하늘 아침 햇살
세상 밝히는
청명한 날 맞이하기 위해
뛰고 또 뛴다

긴긴밤
어둡고 춥기만 하던 시절
노력이 끌어당긴 밧줄 승리로
봄의 태동 꿈틀거리며
희망의 길 한 걸음 한 걸음
좇아간다

이 순간 신비의 새싹
바람 입김으로 잎의 숨결
만지작거린 황홀감이야말로
새봄을 다 껴안은 기쁨

해작 해작 시궁창 올챙이에서
관광 명소 장식용 금두꺼비
상상 나래 펼치며

현실의 꿈 욕심도 부려본다

행운은 멀리 있어도
목표 이루기 위해서라면
도전하는 것만이
승리자라는 스승의 말
되새기며.

홍매화

두터운 외투 벗어던지고
세상 향해
붉은 입술 내미는 새 생명

어찌나 예쁜지
한 송이
손에 들고
연지 곤지 새색시 흉내낸다

그대에게 선물하고 싶은
달콤한 향기 끌어와
그 빛깔 고요를
살포시 감싸며
잠시 머무는 빛의 조각에
포갠다

긴긴 세월 참아 왔던 그리움
은빛 쟁반에
데굴데굴 굴리며
임의 발자취 따라간다

거기 녹색 치마 두른 난

평생 살아도 변치 않는 초심
곧은 마음
은장도 품은 여인의 절개

이파리 너울대는
담장 밑 그 언저리
꽃잎은 바람의 결 따라
잠시 쉬어간다.

새 시대

거실 가득 햇살 스며드는
이른 아침
클래식 빵빵하게 켜 놓고
조간신문 펼쳐 정치면에
초점 맞춘다

어디서 날아왔을까
시야를 가로막는
호랑나비 한 마리
잠시 세상과 속삭인다

덩달아 천리향도
나비 날갯짓 무늬 그리며
향 내음 한가득 뿜어낸다

우뚝 솟은 건물 사이로
평화 한입 물고 배달 온
비둘기 한 쌍
바람이 길 열어준다

혼란스럽던 대한민국
새 정부 교체되면서

그렇게도 드센 태풍 잠재우고
잔잔한 물결 따라
항해한다.

노송

가파른 숲 골짜기
세월에 때 절은 흔적 말아
나뭇가지 걸쳐 놓고

척박한 땅 원망도 없이
푸른 숨결 물들이며
하늘빛 품는 저 웅장함

신선함 속에서 풍겨 나오는
상상 초월의 기적으로 뿌리내려
저리 울창함 뽐낸다

새벽 향기 둘러쓴 풋풋한 향기
곧 터져 나올 것 같은
함박웃음으로
찬란하게 떠오르는 태양을
거머쥔다

우듬지 스쳐가는
뭉게구름 한 조각 살며시 떨구며
체험 소감문 써 오라 명한다

자연 속에서 우려낸 시심
농익은 홍시 횡재 만나듯
새하얀 백지 잉크 빛으로 번진다.

하늘 날고파

혼란 속 헤매던 잡념
어렵게 빠져나와 긴 한숨 내쉰다
먹물 풀어놓은 시야
아침 안개 걷히듯 확 트인 가슴
내 안의 새벽이 천천히 깨어난다

낮과 밤 교차 속에
처음 와 본 이곳 어디일까
이정표 없는 거리
미로 속 헤매는 초조함 젖어 들고

복잡했던 잔상 깨끗이 지워 내
새벽이슬 맑은 정신으로
바위에 걸터앉아 시 한 수 읊는다

빛나는 햇살
계절의 무늬 들추는 이 아침
떡갈잎 음향 효과 맞춰
낭송하는 향기 바람
제법 전문 낭송가답다

푸른 숨결 향기 품고

물살이 심장 울리게 하는 그림 속에서
자연이 뚜벅뚜벅 걸어나온다.

양귀비

몇 시간 전부터 월담 꿈꾸던 햇살
기어이 창문까지 침입한다
모나리자라 소문난 미모

꼭 한 번 훔쳐보고 싶은데
지금이 몇 시라고
아직도 커튼 장막 드리워져 있을까

여덟 시가 노려보며
승산 없는 작전 포기하라
야유 보낸다

때마침
물방울 댕강댕강 매달린 잠옷
방긋방긋 웃고
복숭아 닮은 뽀얀 얼굴
그림인지 실물인지

감탄 한 마디 쏟아 낼 틈도 없이
시간 속으로 사라진다

어머나 꽃이 아름답다

공작이 아름답다 해도
저런 미인은 처음
어느새 그 여인에게 멈추고 만다.

정들면 고향

그리움이 살아 숨 쉬는 이곳
펜 끝에 시의 주제가 대롱대롱 매달려
우리 앞에 선보인다

오늘의 화젯거리
다문화 가족이 선두로 올라온다
현시대 들어와
활발하게 소통하고 있는 다문화 사회

우리는 벽 없는 열린 마당에서
여러 나라와 함께 어우러져
날이 갈수록 격차 없는 한 민족으로
발전해 가고 있는 현실
평화의 메시지라 여겨진다

오늘은 우리 마을 장날이다
시장에서도 흔히 볼 수 있는
외국인들
쌍쌍이 모여 여기저기 돌아보며

반찬가게 머물러
얼큰한 배추김치 한 가닥 입에 넣고

마냥 행복해하는 표정
바라만 봐도 흐뭇하다

타국 생활 삼십 년 넘게 했다는 그 여인
질기디질긴 집념의 천으로
옷 한 벌 지어 입고
문학 행사 공연장 출연하면 참 좋겠다.

아물지 않는 상처

표정 잃은 그녀의 눈빛
절망이 와르르 쏟아 내린다
지난 세월 그 남자의
쓰디쓴 상처

뿌리까지 뽑혀
제거된 줄 알았는데
어디에 잠복했다
또다시 솟아나는지

간당간당 약한 새싹도 아닌
튼실하고 싱싱한 모습으로
돋아난 정체
오래된 번민 지워 내고
확 트인 신작로 향하는데

까칠하고도 뾰족한 그림자
자꾸만 기억 속 서성거리며
마음의 상처 휘젓는다

늘어진 삭신
좀처럼 속도 내지 못하고

개구리알처럼 흐물거릴 때
다시 기억하고 싶지 않는
과거 부스러기들

지금 그 사람의 얼굴은 잊었지만
눈동자 입술은 가슴에 남아
오늘날 이다지도
중심 잃은 주춧돌이 될 줄이야.

밤하늘 무대

달빛이 창가에
흘러내리던 밤
은빛 광채는 온누리
감싼다
지워져 가던 지난날 안부가
생각 끝에 매달려
몸부림치고

무수히 내려앉은 조각들
스멀스멀 방안 침입하는
야릇한 밤

별빛은 어둠의 껍질을
차근차근 노적 쌓으며
밝음으로 주변 감싼다

고요 한 자락
심장 파고들어 파문 일으킬 때
숨죽은 적막은 잔잔한 가슴에
불안 안겨 주며
천천히 수그러들고

바람은 쌓인 낙엽 들추며
속과 겉을 파헤쳐
햇볕에 말린다
궁금했던 어제 하루를
뜬구름 향해 묻고

달 별빛은 아름다운 장식품 되어
옷깃 매달려 달랑달랑.

봄바람

은둔을 벗은 밀고자의 얼굴로
커피잔에서 튀어나온
한 움큼의 수다가
입가에 붙어 있는 부스러기 말들을
손으로 떼어내며 서로에게 건네는
번화가 커피숍

한때의 청춘 같은
장미향 지나 이마에
세월 훈장 새겨진 여인들
잠자리 날개 원피스에
명품백이 마님 곁에
비서로 앉아 품격 높여 준다

푸념과 환상과 어제가
나불나불 풀려나오는 입술에서는
자식 자랑하느라 숨 쉴 새 없고
너절한 얘기 서로 먼저 쏟아내느라 바쁜
혼성 합창단

부러움과 물음표와 말줄임표가
커피향으로 뒤섞이며 낮게 깔리고

속도 높이는 맹목의 말투는
어지럼증도 없는지 끝도 없이 달려
수다의 전성기가 열린다

한낮의 결핍
그 바닥 드러나도록 잡거리 장사 끝내고
오랜만에 무거운 엉덩이 이동
누에고치 실타래 무리
다음 목적지 어디일까

수다 깔고 앉은 저 오후는
와글와글 빛나고
침까지 튀기는 발그레한 안색
그 왁자한 말맛으로
배가 부른 이야기는 쌓여간다

펄럭이는 돈 냄새 나는 스타일
낭만을 소비하는 꽃나비 날아들고
지루한 하루해 서산 너머
달빛 마중 나오는 저들의 하루.

봄 엽서

시 속에 빠져들고 싶으면
문학인 뒤를 따르라
섬진강 나룻터에 앉아
잔잔히 흐르는 물결 바라보면
시 한 수 낙엽 배 타고
동동 떠내려온다

송사리 떼처럼 흘러온 시어들
숭어가 뻐금뻐금 입질하고
피라미도 신기한 듯
강강술래 신났다

해초밭 무질러가는 이름 모를
어류 떼
한 줄 한 줄
시의 문장 써 내려가는데
질투심 발끈한 물살 출렁출렁

비단옷 입고 맵시 자랑하는 넙치
두루마기 자락 휘날리는 홍어
머지않아 연분 된다는 소식
자자하고

잘 생긴 연어 주례사
시 읊는 소리 일찌감치 기대된다.

한 알이 적을까

관광 길에 염전 들렸다
뜨거운 태양이 내려앉아
소곤소곤 사랑 나누더니
은빛 수정체가 수두룩
탄생한다
고것 참 신기하다

한 줌 긁어모아 자세히 살펴보니
따가운 햇살이 방긋 웃고
바람도 한 조 되어 정육면체
보석 만드는 데 한몫 톡톡히 했다며
생긋 웃는다

백합 흐드러진 정원 같기도 하고
눈 쌓인 들녘 닮은 듯도 하다
새하얀 보석들
오늘따라 햇살에 반사되어 유난히
반짝거린다

저 알갱이가 만들어지기까지
도우미들의 출석부가 즐비하게
적혀 있다

염전도 한 업체다
완성품이 만들어지기까지는
각 분야에 여러 가지가 필요하다

시에 비교한다면
토씨 한 글자를 넣고 빼는 과정에서
좋은 시 나쁜 시 판가름 되듯
소금 한 알 모으면 빌딩 태산이 된다.

아침 인사

오늘도 여전히
동쪽 모범 사원 출근길 오른다
대롱대롱 풀잎 이슬
눈 비비며 보시시 미소 짓고

새벽안개 내려앉은 언덕
비둘기 한 쌍 푸드덕 날며
푸른 숲속 메아리 남긴다
새 아침이 펼친 잔칫상
우리네 밥상보다 화려하다

여느 때와 마찬가지로
하루 종일 지상 내려다보며
어느 고을에선 참판 댁 그림 그리고

또 다른 곳에서는
깜찍한 연지에 풍덩 빠져
한바탕 금붕어와 수다떨며
즐길 때도 있다

굽이굽이 산 능선 넘고
끝없는 강물 따라 즐기다 지루하면

구름 속 들어가 한숨 자고

이 순간은 오후 지나 더위가
흐물거린 다섯 시
퇴근 시간이라며 긴 그림자 동행하에
오늘 마감 서두른다.

가을밤 향수

밤을 기다렸다는 듯
정원 뽀짝거리는 하얀 달
시간은 점점 깊어 주변 고요하다

찬바람 사이로
산사에서 들려오는 목탁 소리
회색 장삼에 윤기 나는 머리가
눈앞에 그려진다

울창한 숲은
만삭된 초목 내음 욕심껏 토해 내며
마음 가득 담아주고
잠들지 못한 다람쥐 한 마리 촐랑대는 모습
웃음 한 소쿠리 퍼다 붓는다

아랫마을 산자락
아낙들 모여 이야기꽃 피어나는데
뱃속에서 꼬르륵 간식 부른다
자연이 길러낸 포근포근 달콤한 고구마
동치미 쭉쭉 빠개놓고
모두가 다섯 손가락 바쁘다

이때만큼은 이웃도 한 가족 되어
달디단 분위기 속에 밤 깊은 줄 모르고
별 무리 언제 자느냐 치근댄다

마당 한 켠
묵직하게 몸매 자랑한 홍시
풍년이 빽빽이 들어차
이겨내지 못하고 떠억 벌어지고 마는 진풍경.

관찰

노을빛 깔린 들녘
별빛은 검은 수틀에 한 땀 한 땀
금빛 수 놓고
달무리 품속 파고들며
선녀 심장 뛰는 소리 엿듣는다

새하얀 박꽃 같은
단아한 자태에서 풍겨 나오는
그윽한 향기
아카시아 꽃잎 닮았다

놓치면 깨지는 유리알 같은 눈동자
달빛에 더욱 빛나고
그를 바라보는 시선
마음속에 펄펄 넘치게 담다 보면
설레는 가슴 쿵쿵

십 년 만에 우연히 만난 애인 같은
뭉클함
번개처럼 거세게 몰아치는 회오리바람
우우 울음 쏟아내며
달빛 한 줄기 끌어와 가는 길 등불 밝히고
고요를 껴안은 자정 열두 시가 막 내린다.

감기

칠십 고개 여유롭게 넘긴 나이 선수
무병장수 건강에 걸어놓고
무사태평 지내다 그만 고뿔에 덜컥
자신만만이란 믿을 수 없는 단어
그 화근이 대기 중이라는 경고

늘 조심하라 했거늘
난 몰라 또랑물에 흘려보내더니
그 꼴이 뭐냐고
씨름선수 덩치에
무게도 형태도 없는 감기에 걸려
죽을둥살둥

지켜보던 괴질 고개 젖히고 킬킬
열두 고개 넘어간다
열 부추기며 눈물 콧물 짜내
막무가내 괴롭힘 당한 꼴 좀 보소

별님이 용기 내라 윙크 보내고
달님은 구름 데려와
온갖 장기 자랑 펼치지만
이 순간도 에취 에취 쿨럭쿨럭
집안이 흔들흔들.

가을 앞에서

빈집 같은 쌀쌀한 바람
앞에 두고
커피 한 잔 마신다

인연 다한
낙엽의 발소리 하나둘 휘감기고
커피향 배어 있는 우리의 이야기에
쓴맛이 감돈다

빼꼼이 열린 틈새로
바람 우체부가 보내온
그 시절의 알록달록한 편지
아직도 달콤하다

당신은 식물성 크림만 고집하고
나는 설탕만 고집하며
위기로 치달아 간다

아픔과 아픔이 맞물리며
가을이 깊어가듯
오늘은 에스프레소
내일은 커피믹스

독특한 서로의 향으로
뒤섞이며 다가간다.

풍년 세월

화선지처럼 펼쳐진 들녘
가을바람 한 무더기에 여물어가는 과정
지필묵이 정교하게 그려놓은
작품이라 표현하고 싶다

한 알 한 알 알갱이 부풀려
오늘보다 내일 저울 눈금 올라가고
따스한 가을빛이 퍼다 부은 황금빛
바라만 봐도 풍년이 넘실넘실

햇살이 만지작거려 다듬은 곡식
바람 한 줄기 지나가면
일제히 고개 젖히며 한바탕 깔깔대고
그리다 만 그림처럼
군데군데 베어낸 나락 논
가을이 훌쩍 지나가버린 아쉬운 흔적

시월 들녘 정경은
가을이 데리고 온 풍성한 곳간
머지않아 농부네 창고도 꽉 차
어화둥둥 풍년이다.

제3부

아지랑이 꽃길 따라

내 몫에 만족하자

오늘 하루가 닫히고
새로운 내일이 열리면
이 마음도 답답한 가슴 뻥 뚫려
화려한 정원 들어설 수 있을까

반짝반짝 빛나는 작은 구슬도
보물 상자 안에서 값비싼 신분 되어
귀히 여기는데
덩치 큰 이 몸 부러움 둘러쓰고
바라보아야만 하는 헐값 인생
짠하다

확 트인 허공 내 길인 것처럼
휘젓고 다닌 새들 바라보며
손발 대신 날개였다면 얼마나 좋을까
잠시 몽상 속 잠겨 쓴웃음 짓는다

여기는 강남 시가지
화려한 네온 불빛만큼이나 아름다운
미인 행렬
그야말로 조물주의 기술 진가
제대로 보여준 풍경

유명 인물화 대작 영화 한 편 감상한 기분

이 궤도 따르면 날아가는 새 부럽지 않다
한평생 단벌옷에
우리처럼 시인 화가란 타이틀도
얻어 낼 수 없잖아
이제부터라도 자기 삶에 만족하며 사는 것이
현명한 판단.

원인 파악 중

머릿속에
뜬구름 한 번 지나갔을 뿐인데
마음은 태풍에 흔들린 나뭇가지처럼
중심 잃고 흐느적흐느적

이유가 뭘까
혼탁한 마음 어떻게 하면 앙금 없는
맑은 거울 빛으로 되돌릴 수 있을까
늘어진 하루는 스프링 조절하듯
이 마음 조였다 풀었다 희롱하고

고심할 여지도 없이
막무가내 밀어붙이는 응큼한 상상력
한참 후 잠에서 깨어나듯
몽롱함은 차츰 환한 리듬 타며
상큼한 박카스 한 병 마신 기분

아득히 멀다 느껴졌던 시야
기분 전환이 반절 삭감되며
남은 길이 여유롭다.

산책로에서

새벽 공기 흠뻑 둘러쓴 맑은 기분
주름진 세월의 더께가
불로초 마신 듯 서서히 열어진다

바위에 걸터앉아
청솔에 쌓인 이슬방울 관찰하고
마음은 팽창하게 부풀어
하늘가 걸려 있다

눈앞에 펼쳐진 산세 풍경
꿈인 듯 환상인 듯 기쁨 물들고
이른 아침 산책길에 얻어 내는 청정 기분
마음 정화시킨 천연 비타민제

오늘 하루 머릿속 기록하고
토끼 한 마리 촐랑대는
오솔길 따라 걷는 발걸음
새 희망이 꿈틀꿈틀.

끈기

높다랗게 쌓아 올린 추억 위에
부질없는 상념 빼곡히 내려앉는다
얽히고설킨 탐정 소설 같은
아리송한 문제들
해결하기 싫어
능청스럽게 외면한다

좀 더 여유로운 시간
어느 귀퉁이 틈새 보이는 날
못 이긴 척 끄집어내
하나하나 열쇠고리 찾아
빽빽해진 추억 속 곳간을
서서히 비워 갈 생각

진전 없는 꿈
무생물에 불과
적어도 생을 포기하지 않는 자라면
사막 길이 가로막는다 해도
헤쳐 나가려는 욕망을 가져야 한다

행운이 임자 찾아오는 것이 아니고
도전자가 성공을 쟁취해야 하므로

맨몸으로 호랑이를 잡는 용기를
끌어내야 해.

백두산

온누리 청정 빛 버무려 놓은 명산
넘쳐나는 생태계 어우러진
보배로운 산
천하 일경 품에 안고
만인 바라보며 차오른 정기
마을 향해 아낌없이 쏟아붓는다

앞서간 시간 등 업혀
어제보다 오늘 한 걸음 더 나아가
향기 끌어들이는 신비로움
능선마다 쭉쭉 뻗어나 하늘 키재기하고
쉼 없이 뿜어져 나오는 숲속 장수 활력

저만치 고목 한 그루
터 지키며 오는 손님맞이하고
가는 손님 배웅하며
전설의 이야기 술술 풀어헤친다

비바람 이겨내며 헤살거리는 도토리나무
한해 마감 서두르며 알맹이
툭툭 떨어뜨려
산속 가족 먹잇감 공양 시주한다

곱게 물든 단풍잎 사이로
푸드덕 날아가는 장끼 한 마리
푸른 숲에 꽃 한 송이 그려놓는다.

어류 시장

신선한 바다 내음
즐비하게 데려다 놓고
한바탕 창 무대 펼친다
입안에선 임방울 장사익 타령
순번 대기 중

곧이어 등 푸른 생선이
은빛 반짝이며 주인 찾아
몸매 과시한다

장군 무장한 철갑 녀석
거드름 피우며 집게발 춤사위
어느 점포보다 왁자하다

미남 미녀로 꽉 채워진 좌판
번들거린 빛깔에서
가격 표시 묵직하고

육중한 몸매 사장 지갑 열리는 순간
하나둘 빈자리 나타나면서
오늘의 웃음이 깔깔 웃음으로
지갑 채운다

입담이 수입 끌어모으는 장사 수완
수십 년 경험한 그의 비법
특별한 색깔을 가진 자만이
주머니 배가 불러오는 착한 지폐.

아지랑이 꽃길 따라

봄이다
정원을 도화지 삼아
마음에 담았던 화초들을
그려 보기로 한다
어떤 방법을 사용해야
색다른 조화로 꾸며 낼 수 있을까
솔찬히 고민된다

생각날 듯 말 듯
머릿속은 열심히 숫자판 돌아가지만
꿈꾸어 왔던 상상의 나래 펼치기엔
역부족

다시 프로그램 작성하여
차근차근 계획에 차질 없이
풀어 나간다
작품 한 점 성공하려면
복권 당첨되는 행운 따라야 한다

얼렁뚱땅 열 번 부실 공사보다
한 번의 백 년 대길이
계산적으로 알뜰 지혜

느닷없이 머리가 맑아지며
바퀴가 순조롭게 돌아가 계획과 맞물려
처음으로 대작 성공 이뤄낸다.

향기 풍기는 뜨락

그날 그 자리
그 여인이 뿌려 놓은 씨앗
훌쩍 자라 담장 기웃거리며
오가는 손님 향해 흐벅진 미소 지으며
손 흔들어 준다

답답했던 가슴 꽃향기 둘러쓰고
고속도로 달리듯 제비와 경쟁 중
쌀쌀한 날씨 밀어낸 햇살
여린 수선화 함초롬 바라본다

눈빛은
새벽이슬 둘러쓴 은방울이고
파란 이파리
온통 봄 가득 독차지한 자태

아지랑이 번들거린 너울 속 무질러가는
상큼한 바람
낭만 순간순간 쓸어 담으며
바람 틈새로 날아가는 꽃잎 한 장
봄날이 펴다 부은 꽃소식 주파수
그 어떤 선물보다 반갑다.

안개의 비밀

너는 분명 달디단 솜사탕이다
밤사이 몰래 만들어 놓은
아이스크림 같은 신비한 물체

무한 과학 시대라지만
그 원리 원칙 도저히 풀어낼 수 없어
깊이 생각할수록 뒤죽박죽
엉키고만 있는 미로 속

새벽은 풀리지 않는 역사 속으로 들어가
새하얀 물체에 몰입하며
공식 풀어내고 있는데
따르지 못한 두뇌 누구를 원망하랴

혼자서 이 생각 저 생각
고민은 끝이 보이지 않고
짐작 감각으로 다시 실마리 풀어내는 중

잠시 후 의문의 물체
햇살이 삼켜버리고 시야는 세상 환하다.

신비로운 산

홍 드레스 하늘하늘
나들이 부산하고
줄줄이 따라나선
울긋불긋 시녀 행렬
가지 말라 애원해도
뒤돌아보지도 않고 훨훨

한때 태양 주름 잡던 청춘 시절
저 서러움 아는지 모르는지
하늘은 울먹거리며
소복 차림 부산하고

저기 우뚝 솟아오른 한라산
사철 산하 굽어보며
우리와 교신한 평생지기 동반자

눈 쌓인 봉우리마다
질펀히 깔아 놓은 산 교육장
화가에겐 눈부신 작품을
작가에겐 새로운 시의 종자를
가수에겐 색다른 작사 작곡을

원하는 자 모두에게
기회 주는 무일푼 제공자
언제나 두 팔 벌려 품어준
따스한 어머니 품속 같은 산.

정답은 저 멀리

비탈길은 맥박 끌어올리는 혈압기
한참을 재들과 씨름하다 보니
온몸 나른하다

이곳 벤치는 아직 따뜻하다
어느 고을 누구인지 몰라도
열정 넘친 덩치 큰 엉덩이가 분명해

낙엽 한 장 무릎 위에 내려앉아
이별의 붉은 울음 쏟아낸다
스산한 바람은 길 잃었는지
머뭇거리더니

허공 아득히 떠 있는 별을 욕심껏
쓸어 담으며 유명 작가
시 한 구절 읊조리며 조용히
시향에 젖는다

시간 속에 포장된 그리운 사연들
유리벽 속에 갇힌 마네킹처럼
걸어 나오지도 지워지지도 않는
꿈속 그림 같은 허상

끝내 엉킨 실타래 풀어내지 못한 채
기억 한 편에서 뭉그적거리며
새벽안개처럼 사라지고 마는
얄미운 시상.

아수라장

참새떼 시끌벅적 낭독한 대밭
언제부터인가 이 학교로 전학해 온
꼬마 생도들
새벽이나 해 질 때면 더욱 열공한다

도대체가 가갸거겨 외우는 건지
에이비씨디 복습인지 알 수 없다
그저 난장판 합창단이라고나 할까

흰 와이셔츠 까만 망토
선생님 들어올 시간
교실은 자동 장치된 것처럼 미음
상사 위치 질서
재들에게도 실천되고 있다

나 없는 동안 자습하라 했는데
뭘 외웠는지 발표할 학생 손 들어봐
모두가 영령 앞에 묵념
회초리를 든다 한들 때릴 곳 없는
보송이들

눈만 부릅떠도 파르르 떠는 겁쟁이

아서라 도 닦는 심정으로 선행 베풀어
미운 마음 머릿속 깊숙이 감추고
기쁨 색 꺼내 착한 선생님 길 걸을 수밖에.

인간 극장

오일장 가다 보면
입구부터 장사꾼 즐비하다
그리다 만 작품처럼 손때 묻은 물건들
곳곳에서 얼굴 내밀어 임자 찾아
두리번두리번

구석진 거기
구수한 향기 따라 발길 멈춘 곳
튀밥 벌어진 폭탄 소음
옛 정취 젖어 든다
어렸을 때 간식거리로 일등 품목

온도의 힘으로 꽃피워낸
떡국 대와 옥수수의 구수한 향기
절대적 잊을 수 없다
위쪽 오르니
가을 햇살 몇 가닥 상가 틈새 끼어들어
코팅 열중이고

한참 나대다 보니 밥상 전보 날아온다
비닐 막 줄 서고 있는 장꾼들
배고픈 자 위해 둠벙 뛰쳐나와

재탄생 되었다는 붕어

황금 의상 차림 바라만 봐도 침이 꿀꺽
퇴계 이황 나타나니 몇 마리 붕어가
금시에 터널 통과하며 모습 감춘다
오천 원의 가치
배고픔 이겨내는 대단한 능력자.

신발의 소중함

가는 곳이라면 앞장서야 하는
너의 임무
봄이면 더욱 바쁘다
어디를 가느냐에 따라
진선미 구분으로
출발한다

데이트 나갈 때는
가장 예쁜 신발이 등장해야 할 것이고
눈 쌓인 도로는 굽 낮고 길이가 긴
신발을 신어야 할 것이다

뽀득뽀득 신나게
개구쟁이 흉내내며 걷는 즐거움
상상만 해도 기쁨이 철철

우람한 당산나무 울부짖는 바람 소리
개울가 번들거리는 저기
햇살 내려앉아 반짝이는 춤사위
한 줄 한 줄 읽어가는
한 권의 시집과도 같다

시인 눈에는 사물 모두가 시의 소재감
여기까지 걸으면서
이것저것 감정에 젖은 것도
네가 아니면 어림없지

한 생을 나와 한 조 되어준 소중한 존재
너 없이는 한시도 밖을 나설 수 없어.

잠자는 것이 꽃밭

진종일 헤집고 나온 잡다한 일거리
그 무게 방바닥 부려 놓은 채
눈길 천정에 던져 놓고
하나하나 오늘 있었던 숫자 들어간다

들숨 날숨 점차 진정되면서
꿈속 여행 한 발 한 발 내딛는다
농촌 사람들에겐 밤이 유일한 쉼터

이 약 저 약 고개 내밀어 보지만
설 자리 잃어 가고
편안한 하룻밤 잠이 가장 유력한 후보자

꿈나라에서만이라도
단 하룻밤도 좋으니
귀부인으로 변신할 수 없을까

에라 몹쓸 생각아
먼 길이라도 가던 길 가야지
지름길 택하다간 길 잃을 수 있는 것
분수 맞춰 사는 것이 후회 없는 생활.

바람

무등산 수려한 등짝 위로
또 한 차례 지나가는 불청객
이 해도 끄트머리 매달려 대롱거린다
뭉툭한 느낌이 산허리 휘감아
강자 앞에 당당히 맞선다

과거를 둘러쓴 낙엽 한 잎 손에 얹고
지금까지 써 내려온 단풍 일기 펼쳐본다
모자이크처럼 짜 놓은 그 어디쯤
안과 밖 휘돌아 풋풋함에 흠뻑 젖어
깡다구로 버텨온 얘네들

수많은 사연
낙엽 속에 겹겹이 숨겨 놓고
내년에 끄집어내 새싹에게
소식 전하고
가버린 것에 대해 캐묻지 않는
질문조차 사라진 발자취

낯익은 윙윙 소리만 주변 맴돌며
낮과 밤을 선명하게 분리한다
이 순간 차가움으로 채워진 산등성이
하루를 묵묵히 지워 내고 있다.

오리무중

지금 내 앞에 주어진 상황은
심심풀이 자유형이 아니라
얽히고설킨 문제들을 끊기지 않게
풀어가라는 과제물이다

어디서부터 어떤 방식으로
풀어 나가야 할지
외줄타기 기로에 섰다

머리 싸매고 치밀한 작전
시도해 보지만
나 몰라라 등 돌리는 정답자

앞뒤 좌우 금 간 틈새 찾아
기회 엿보지만
물 샐 틈 없는 안전장치
강철 벽보다 탄탄하다

어렵게 한 가지 꼬리 잡힌 힌트
미로 속에 정답 들어 있다는
한마디 말뿐

보물섬 발견하는 것보다 힘든
고민거리
왜 우리 앞에 이다지
난이도 강한 문젯거리
제시해 놓았을까.

겨울 준비

바람 소리 태양 속 감추어 놓고
한여름 불살랐던 그 계절
어느새 가을 엽서가
우체통에 배달되었다

몇 개월 동안 논두렁 밭두렁 출근하며
신발 몇 켤레 닳고서야
풍년 맞이한다

곡식은 저절로 풍작 기대할 수 없다
기후와 농부가 한 조 되는 고된 작업
바람이 쓰다듬고 햇살이 보듬어
어둠이 열매 맺는 작업 한다

농사도 공장과 같다
여러 가지 부품이 어우러져
수십 단계 거쳐야만
우리가 먹을 수 있는 완성품이 된다

텅 비었던 농부네 곳간도
곡식들이 주인께 보답하기 위해
제자리 찾아 들고

저녁 식탁에 잡곡밥 한 공기와
갓 버무린 배추김치에 생태찌개
바라만 봐도 풍년이 넘실넘실.

산행길

안부 묻지 않는 말 없는 바위
바람이 한참 쉬었다 간다

동녘 해는 아침 출근길 나서며
빛을 뿜어내 대지 달구고
하루를 쫓아가는 이 시간
느슨한 기색 없다

저편 산모퉁이 지나
한나절 지나간 오후
햇볕에 졸고 있는 꽃송이를
연신 만지작만지작

호랑나비 한 마리 지친 듯
손길 무서워하지 않으면서
예쁜 날개 부채질 열중이다

한낮 더위는 지치지 않는 아기 울음처럼
사그라들 줄 모르고
간간이 들려오는 뻐꾸기 울음
한 차원 더위 식혀주는 청량제

지휘자 반주 없는 음률이지만
골고루 넉넉히 들려주고 있다
즐거움이 약간 모자랐던 오늘 하루
다음 산행에 저축해 두고
긴 그림자 따라 하산한다.

게으른 눈과 빛을 내는 손길

방문 여니 잡화상 천국이다
한숨과 신세타령 방 가득 쏟아내며
공연히 물건에 화풀이한다

내 손으로 헝클어 놓은 잡동사니
재들끼리 주인 털털하다며
히죽히죽 신났다

두 시간이 지났는데도
정리 끝나지 않는 손길은
막무가내로 흐르는 시간에
불만 털어놓으며

늘 바쁘게 사는 세상 꼬라지에
참았던 울화통 와르르 쏟아 내린다
쉴 틈 없이 움직였던 결과물
청결 속에 빛나는 성취감 대만족

자기 자리 찾아든 주인공들
꼬순 향기 속에 잠들었는지
조용하다.

방랑자

기쁨 한 무더기 머리에 이고
무작정 걷는다
몇 시간 걸어온 길
여기가 어디쯤일까

고층 빌딩 산봉우리 키재기하고
빽빽이 들어찬 수림 같은
대도시 언저리
오색 불빛 치열하다

멈춘 곳이 목적지
눈길 끄는 곳이 관광지
한평생 살아갈 꿈 많은 세상
마음 끌리는 대로 살아가련다

고향 산천은 멀다지만
달빛은 여전히 머리 위 맴돌며
천리만리 따라온다

행운도 저랬으면 얼마나 좋을까
우울한 밤
친구가 있어 외롭지 않다.

약속

커피향이 식을 때까지
기다려도 오지 않는 첫사랑

창문 기웃거리던 보름달
이별은 사소한 거라며
찻잔 속에 빠져
달빛으로 자라난 물무늬 일으킨다

당신이 앉았던
자리의 따스함도 식어
꽃 지는 소리만 만지작거린다

건방진 이별이
무심히 익숙해질 때까지
온종일 기다려 준
한 잔의 커피

쓴맛 나는 아픔이 무색하지 않게
블랙커피로 앉아 있다

말줄임표로 건너뛰는 저녁이
오늘도 내일도 외롭지 않게
곁을 지키고 있다.

상사화

이때쯤이면 어김없이 나타나
한때 축제 바람 일으키는
가녀린 여인
주체할 수 없는 화려함
몽땅 퍼다 붓고

널따란 유원지를 붉게 물들이며
지나가는 남정네들 가슴을
환장하게 불태우고 있다

뜨거운 열 꺼 주지도 않은 채
그냥 뒤돌아선 무정한 사나이들
소낙비가 내려도 임 오기만 기다리며
끄떡없이 버텨 내는 불꽃

때가 되어야 꺼지겠다는 도도함
결국 우리 힘으로 끄지 못하고
스스로 꺼지기를 기다릴 수밖에.

가장 소중한 이름

바다가 빤히 바라다보이는
어촌 마을
물새 울음 자장가 삼아
해초 내음 한아름 보듬어
키워 온 자식

오늘날 오십 줄 대롱거리니
어머니의 한 많은 보따리
풀지 못한 사연 이제 알 것 같다

부모란 단어 속에는
오로지 자식 사랑뿐
배고픔과 서러움 꾹꾹 참아내며
밥 한 수저라도
더 챙겨 먹이던 끈끈한 정

겉은 활짝 핀 꽃송이지만
마음은 늘 겉 부자 속 가난
지금까지 살아온 선명한 나이테

등 굽은 허리가 증명하고
번지르르 곱던 얼굴 오선지로 변한 건

인내와 끈기로 버텨온 장한 훈장
구십 년 살아온 이력서다

자식들 대통령 판사라 할지라도
어머니 명함만은 못하다.

이색 씨앗 찾아

글의 존재 따라다니던 볼펜
뚜뚜뚜 부재중
한 번도 보지 못했던 꽃 한 송이 찾아
온 산야 헤맨다

지금까지 알려지지 않았던
새로운 종자 찾아내기란
맨손으로 황금 물고기 낚는 일

한눈에 무릎 칠 감탄사
언제 나타날까
작가란 직업 쓴내 펄펄

풀어야 할 숙제 거리는
쉽사리 길 안내하지 않고
어떤 시보다 오늘 시가 나비 되어
꽃밭에 내려앉아야 할 텐데

생각은 푸른빛 감춰버린 먹빛 하늘
문득 안개 낀 시야
말끔히 씻어 내리며

천년 강산이 뚜벅뚜벅 무게 잡고
마중 나온다
높고 험한 산비탈 길에서.

도전

산봉우리만큼이나 축적된 과거 시절
그 안엔 장편 소설
몇십 권 쓰고도 남는다
뒤돌아보면 소싯적 걸어온 길
호사보다는
허접한 굴레 속 빠져나오느라 바빴다

오늘일까 내일일까
속아 살아온 세월 수십 년
거기엔 쓰디쓴 익모초 한 동이
서러움 한 바지게
희망의 빛은 곁을 떠나 보이지도 않는다

가는 길마다 구불구불 비탈길
날마다 숨쉬는 목구멍에
인내라는 두 글자 새기면서
하루하루 쓴물을 단물로 상상하며
버텨냈다

말년 들어서야 행운 열쇠 넘겨 쥔다
어디 갔다 이제 왔느냐 투정 부리니
불행 잠꾸러기에 붙잡혀

깊은 잠에 빠져 겨우 깨어났다며
앞으로는 곁에 꼭 붙어
꽃가마 마부 되겠노라 굽신거린다

긴긴 터널 헤쳐 나온 신작로
아침 햇살 배시시 미소 짓는다.

구름 따라 두둥실

시끌벅적 골목길
꼬맹이들 떠드는 소리
무지갯빛 타고 담장 내려앉는다

추레한 길거리가
유명 영화 촬영장처럼 북적거린다

동구 밖 우람한 감나무
과거 친친 동여매고
오가는 행인들에게 옛이야기
나긋나긋 풀어헤치고

울타리가 제 구역인 양 떠억 차지하고
꽃 시절 너울너울 온누리
소문 퍼뜨리는 저 요염한 장미
그냥 지나치기엔 턱없이 아쉬운
신랑 신부 카퍼레이드 행렬

산뜻하고 얼큰한 홍탁 맛 같은
늘어진 하루가
꽃 속에 묻혀 봄 하루를 즐기고 있다.

제4부

당신을 표절하고파

계절에 묻는다

백화점 들어섰다
진열대마다 빛나는 눈동자
지갑과 눈맞춤 한다

메이커에 눈길 돌리니
지폐 한숨 소리 짠하고
저렴한 가격 거래하니
자존심이 허락하지 않는다

계절은 돈 한 푼 안 들고
꽃무늬 입었다가
야들야들 녹색 원피스 입기도 하고
천연 투피스에
새하얀 선녀복으로
철 따라
최고급 의상 차려입는다

옷 잘 입는 비결 뭐냐 묻고 싶어도
전화도 없고 주소도 없는 사계절
소식 전할 길 없어 눈물만 글썽글썽

번지 없는 주막 아줌마

코맹맹이 아양 떨며
잡탕 마음일 때는
막걸리에 부침개 한 접시가 치료제라
꼬드긴다

한 병 술에 신세 한탄 타 마셔 버리고
취한 발걸음 휘청휘청.

집착

석양빛 마지막 장면 연출한
바다 끄트머리
중심 잃고 퍼덕이는 갈매기 한 마리
누구에게 공격 당했을까

볼그레 고운 빛깔도
눈웃음 짓는 눈썹달도 관심 없고
생기 잃은 갈매기만이
짠한 마음 가슴속 들어앉는다

상처 난 마음 깁스하고
떼어지지 않는 발걸음
정신은 그곳에 둔 채 마음만 돌아선다
이래도 되느냐 마음에 물었더니
주저 없이 답한다

호강스런 관심 지나치다며
바닷새 한 마리에 그토록 마음 빼앗기면
암 투병자에겐 어디까지
정신 빼앗길 거냐는 따가운 채찍
그 한마디가 정신 번쩍 들게 한다

헝클어진 마음 정돈하고
보폭에 속도 내다 보니
기분은 바람개비 힘차게 돌고
지금에 이 심정 그 누구도 비교할 자
없으리만큼 홀가분하다.

당신을 표절하고파

아카시아 꽃잎 닮은 희디흰 살결
나들이길 나서는 저 요염한 멋쟁이
바람이 끌어당긴 치맛자락은
하늘 날고파 바둥거리고
모란꽃 활짝 핀 머플러는
임 만나러 가자 칭얼댄다

아슬아슬 반짝인 하이힐
굽소리 요란한데
어디를 언제까지 걸을 건지
발걸음이 불편하다 투정 부려도
무조건 직진한다

금빛 머리카락 사이로
노을 곱게 물들고
보랏빛 숄더백은
깨끗한 이미지 구겨진다며
어지간히 걷자 귀가 독촉한다

뒤뚱뒤뚱 아가씨
승용차는 왜 타지 않고
두 발 걸음일까
맙소사 내 그럴 줄 알았지

발굽이 성질나 오기 덩어리가
한 움큼 뭉쳤네
고생 좀 허겄다.

신기록

어느 일요일 날
메모지 한 장과
볼펜 한 자루 챙겨 들고
산책로 거닌다

마음 끌리고
눈길 멈춘 곳에 앉아
풋풋한 산초 내음 친구 하며
시의 실마리 찾아낸다

매듭 풀린 시어들
공연장 연기자처럼
바람이 막혔던 길 열어주고
햇살이 조명 밝히며
잡새 합창단이 막 연다

봄 무대가 펼친 숲속 공연
눈에 보이는 사물 모두가
자리다툼하며 펜 끝에 매달린다

오늘처럼
한 시간 내에 시 한 편 썼던 적

있었던가
맑은 공기 뚫고 야호 메아리
들려온다.

새 생명 숨쉬는 소리

샛노란 봉오리 살포시 눈뜨며
참았던 향 내음
온누리 내뿜는다

세상 보이는 것이
다 공짜고 즐거움 덩어리다
햇살 아장아장 울담 기웃거리고

옴팡진 보금자리 찾아
한숨 자겠다는 강아지
젖 내음 폴폴 풍긴다

울담 뽀짝 개나리 닮은 병아리
어느 것이 꽃이고
어떤 것이 삐악이인지
가늠할 수 없다

봄 향기에 묻힌 암탉
꽃잎 콕콕 쪼아 꽃방석 깔아 주고
실바람에 노랑나비 떼
종이학처럼 높이 높이 날아간다

울 밑
그림 한 폭에서
봄을 통째로 보여준다.

꽃길을 날아

봄가을은 관광철
문인들도 오늘 하루 나비 되어
꽃밭 훨훨 날아 구름 위 머문다
광주 문인협회 버스 세 대가 움직이는
왁자한 잔칫날

바쁘다는 이유로
이사회에 참석 한 번 못한 나로서는
거의가 모르는 얼굴들이다

관광도 좋지만
문인들 만나 서로 마주 보며
인사 나누고
얼굴 익히는 것이 큰 목적

오가는 대화 속에 우정은 스며들고
마주 보는 눈길 속에
상대편 얼굴 가져와 옹글지다

아쉬움이 남았다면
문학기행 다니면서 문학관
관람하지 않는 경우는 이번이 처음이다

왠지 허전하고 문학인으로서
소임을 다 하지 못한 기분이다

때는 봄
보이는 것이 꽃이고
가는 곳이 즐거움이다
문학기행이 족쇄 풀어준 해방감
꿀맛이다.

각기 다른 분야

체취 묻어 있는 정든 교실
벌써 눈에서는
교복 입은 모습 어른거리고
귓가에선 글 읽은 소리
떠들썩하다

꿈틀거린 머릿속은
가슴 움찔움찔 설레게 하고
새 학기 맞이한 벅찬 가슴
울렁울렁 수 놓고 있다

녹슬은 머릿속에선
풀지 못한 수학 공식
언제까지 잠재울 거냐 투정 부리고

영어라면 대낮도
깜깜한 밤이 되어버린 저 문제들을
어쩔거냐 따지니
알아서 하라 외면한다

흥미 있는 과목이라고는 문학뿐이니
앞으로 남은 길은

기억 니은 발명한 세종대왕만
우러러보며 살 수밖에.

내 건강 내가 지키자

초원길 펼쳐진 야트막한 산자락
즐거움 배낭 가득 짊어지고
발길 먼저 마음 앞선다

햇살이 한 걸음 한 걸음 낙인 찍으며
바람 우체부 불러
봄소식 등기 우편 보낸다

일 분도 못 가 번개 택배
꽃향기 한 트럭 퍼다 붓고
씽씽 달린다

전자 AI 시대 앞선
숨 한 번 쉬는 시간보다 빠른 동작
기막힌 현시대

백세 할머니가 오래만 살 수 있다면
똥물이라도 마신다는 말이
실감 나는 대목이다

초목은 시들어도
다음 해 다시 청춘 맞이하지만

우리는 단 한 번
내일은 불로초 캐러 백두산 올라야겠다.

인생 통장

나날이 빠져나가는 청춘 통장
십여 년 전만 해도
풋풋한 금액 남았었는데
언제부턴가
은근슬쩍 곁을 떠나가는 재네들

그 빵빵하던 빳빳한 돈은
언제 다 매진되었을까
이제는 쓸모없는 병원 종합 통장만이
곁을 떠나지 않고 빌붙어 있다

어느 날 물었다
네가 왜 내 곁을 따라다니니
나한테 야단치지 마세요
젊은 통장한테서 인수받은 거에요

그래 어디 책임지고 능력껏
건강 통장으로 전환해 봐
먼 하늘 한번 바라보는 사이
자취 감추고

이제는 평생 잠잘 통장만 남았다며
훌쩍훌쩍.

무엇이든 알맞게

계단을 거침없이 뛰어오르는 자
누구일까
뒷모습으로 보아 노인 모습 선명한데
젊은 혈기 앞선다

문득 호기심 발동해 속도 내 보았지만
혈압이 왜 안 하던 행동하느냐며
성질 왈칵 쏟아내
전신 통증 쏟아붓는다

헐떡거리는 숨 몰아쉬며
철퍼덕 주저앉아 아래 내려다보니
눈길 아스라이 도착한다

높이 올라왔구나
삭신이 꼴통 부릴 수밖에
얼핏 보아 백 계단은 오른 것 같다

생각의 숫자판이 경고음 울린다
따를 수 없는 체력은 내 몸에 적신호라고.

숲속 관찰

하늘을 움켜쥘 기세의
산봉우리
구름과 바람 터 싸움
치열하다

노송 우듬지 내려앉아
지켜보던 독수리
쌍방 우정 다리 놓아
활짝 핀 초원길

숲속 향기 취한 쩌렁쩌렁
합창단
얼비친 햇살 따라
멀리멀리 퍼져가고
물들어 가는 낙엽
시류의 간격 점점 좁아져
날카롭다

서쪽만 고집한 태양
길어진 그림자 따라
어둠 뒤쫓아 가는데
부서져 내리는 바윗덩이 울림

일제히 날아오르는 새무리

몇백 년 경험한 노목들
꿈쩍 않고 서 있는 모습
늠름하다
하루하루 보고 들으며
자라는 산속 가족
우리와 다를 바 없다.

백조가 된 하루

무조건 직진하는 시간을
방안에 가두고
자물쇠 굳게 잠근다
색다른 나들이
마음속 꽃 한 송이 피어 활짝

벌써 마음은
축제 분위기 물들어
그리움이 시가지 가득
펄펄 넘쳐나
한줌의 생각이
행운 향해 달려간다

시가지 꽉 메운 빌딩 사이로
비둘기 떼 평화 한입 물고
소식 전하느라 바쁘고

저마다 자신 알리는 간판
고운 몸매 과시하며
유혹하는 중
쇼윈도우에 비친 단아한 모습

누워 있는 옷만 입다
마네킹 옷으로 단장하니
아직은 쓸 만한 품새

오늘 하루 추억거리
하나하나 주워 모으며
후회 없는 하루 마무리한다.

빵

만지는 순간
촉감이 한없이 부드럽다
부스럭거린 비닐봉지가
더욱 입맛 끌어당기며
구수한 내음의 향 콧속 자극한다

반짝이는 시야
독촉하는 충동이
입안 촉촉이 적신다
오늘따라 먹고 싶은 종류도 다양하다

식욕과 지갑이 치열한 경합 중
네 자리 숫자에서 대롱거린 지폐
식탐이 한 발 물러 꼬리 내린다

밀고 당기며
앙칼지게 버티던 자존심
구멍 뚫린 풍선처럼 사그라들고

생각이 가난한 동네에 정착한다
없는 자가 잘난 척하는 건
진실이 허락하지 않아
위선 포장 알맹이 없는 빈 껍질.

결혼 성숙기

십일월 늦가을
날마다 햇살 중매쟁이가
감나무 집
대봉 아씨 결혼 설득하러
들락거린다

지금이 성숙기 철이라며
쓰다듬고 애교 부리며
아양 떤다

부끄러움에 얼굴 가득
붉은 물 들이며
행복에 겨워 흐물흐물.

박덕은 미술관 진풍경

엷은 구름 펼쳐 놓은 하늘
야외 활동하기 딱 좋은 날씨다
오월 이십삼 일
박덕은 미술관이 오늘 하루 나들이
제공한다

장미꽃과 찔레꽃 만발한 초여름 향기에 취해
일 년 만에 다시 찾아온 낯설지 않는
친정집 같은 포근함
어느새 입가엔 꽃 한 송이 피어난다

이날 행사 주인공 시비 제막식
늠름한 장군 기세로 웅장한 자태 뽐내며
오는 손님 맞이한다

미술관 들어서니 즐비하게 뽐내고 서 있는 시비
어느 고궁 들어선 기분이다
임금님 시비는 눈에 띄지 않았다
통통걸음으로 호수 쪽 내려가니 그곳에서
주인 기다리고 있는 사랑스러운 보물

시비를 바라보는 순간 가슴 뭉클하며

갑자기 유명 인사가 된 기분이다
앞으로 더욱 노력해서 자랑스러운 시비를
금빛 옷 입혀야겠다고 두 주먹 불끈 쥔다

광장 꽉 들어찬 귀빈들 입회하에
행사 진행 차질 없이 진행되어
기억에 길이 남을 호사로운 하루였다

실업자

아빠는 몇 개월째
직업 없는 한량 생활자
이 순간도 사랑방 신문에
기대해 보지만
실패다

왜일까요
능력은 바닥인데
눈높이만 청와대

자신에 맞지 않는 옷
수선 맡겨 성격 고치든지

자존심 수술해
정상으로 돌려놓던지
양가지 결정이 해결책.

베스트셀러

초여름 숨결 퍼지는 뜨락
종달새 푸른빛 한입 가득 뿜어내
허공 뚫고
시원한 바람 한 트럭 퍼다 붓는다

상상이 꿈틀대는 과거사
고요 속 벗어나 시의 실마리 풀어헤치며
대기 중인 펜 끝이 훨훨 날아
백지 가득 휘갈기는 시어

어느 정원 꽃밭이
이 순간처럼 기쁨 채워 줄 수 있을까
보이는 것마다 줄지어 순번 기다리며
새로운 종자 선보이겠다 아우성이고

시상 속 오밀조밀 모여든 가족
낯설기 새집 찾아 뿔뿔이 흩어져
각자 보금자리 신접살림 꾸민다.

그해 여름은 지나고

훨훨 타오르는
모닥불 실어 나르는 칠월
질척대는 더위 뒤로 하고
서늘바람 입적부에 사인한다

끈적거리던 땀방울
가을 간호사 치료로
고슬고슬 완치된 살결 희고 뽀얗다

남쪽 문 활짝 열린 능선 따라
염색 장수 출발이라는 소문
들리는가 했는데 판매 시작되어

산자락 옻나무 색시
일찌감치 연지곤지 찍고
낭군님 마중 설렌다

초록 끝에 매달려 성가시게 보채던
지난날들
서로 자축하며 서늘바람 응원 속에
고운 옷 기다리느라 싱글벙글.

비의 존재

봄비 보슬보슬 내리는 물방울
티끌 하나 없는 유리알 닮았고
섬세하게 그려놓은 인형 같기도 하다

오늘 이 비의 용도는 어디에 사용될까
온누리
모든 작물 촉진제 담당 맡아
풍년 들녘 꾸미겠다는 야무진 각오

햇살이 지나다 히죽거리며 비웃는다
일조량 없이 저 혼자서
성장할 수 없다며
귀한 시간 일 초도 낭비 없이
식물 키워 내는 곳에 사용해야 한다고
큰소리친다

내일의 당번은 뿌리줄기 튼실 담당이다
풋풋한 내음 세상 향해 나래 펼 때
비는 그치고
햇살 배시시 웃는다.

가을 향수

시나브로 익어가는 시월 들녘
알맹이 하나하나
여물어 가는 과정
초중고대 절차와 같다

군데군데 서 있는 저 물건
이제는 참새도 모조품인 줄 알고
머리에 내려앉아
재잘대며 배설까지 한다

세상이 발달하면서
만물이 현시대 쫓아가다
추억은 한 점 그림 되고
현실은 훨훨 우주 난다

바람결에 날리는 낙엽도
한 잎씩 맛보기 떨구며
내년에 다시 만나자고 엽서 보낸다

나락 위 뛰어다니는 메뚜기
뛰어봤자 들판이라며
열불나 폴짝폴짝 뛴다

한 마리 손에 들고 조용조용
타이른다
너는 오랜 전통 벼 뛰어다닌
홍일점이야.

바다 풍경

온누리 젊어진 채
바다 위 누비는 갈매기 떼
어제의 채도 벗겨 내고
오늘의 상큼한 나래 펼친다

밤낮으로 날고만 있는 재네들
언제 배 채우고 잠은 자는지
의문에 꼬리 고개 갸웃

아침이면 둥근 햇살
한입 꿀꺽 삼키고
밤이면 은빛 쪼아대며
하늘 풍경 그린다

한결같이
끼룩끼룩만 반복되는 테이프
생명 다하는 날까지
고장 한 번 없다

분홍빛 물든 날갯짓에
새 아침 왁자한 이야기
주저리주저리 쏟아내며

달콤한 주젯거리로 아침 문 여는
바다의 홍일점

유람선 객실 손님들 수다로
대밭 참새 떼 합창단
낭만과 즐거움 한배 가득 싣고
여유 만만 출렁출렁.

봄 뉴스

기다란 오솔길 뽀짝
개울물 뽀글뽀글 끓는 소리
배고파 온다

언덕배기 쑥 향기로 간 맞추고
붉은 동백꽃잎 고명 얹어 놓으면
화전 쟁반에 벌나비 떼 날아든다

시인들 마음속엔 꽃동산 자리 잡아
어느새 어깨 들썩이고
우물가 이야기꽃 뽀득뽀득 빨아
봄볕에 널어놓는다

척박한 땅 원망하지 않고
방긋 웃는 제비꽃
아름다운 모나리자 복사판

옛 시절
보리개떡 한 개 훔쳐 먹고 싶어
언니 무등 올라
엄니 몰래 훔쳐 먹다 들켜
저녁 굶은 적 있었지

추억은 씹을수록 깊은 맛인데
지금은 그 맛 이사 갔는지
찾을 길 없다

공연히 과거사 끄집어내 늘어놓다 보니
어둠이 자리 교체할 시간이라며
막무가내 밀어붙인다.

풍경에 취해

치렁치렁 여물어 간 들녘
계절 기술자 실력이다
시월 향해 성큼 다가선
노란 풍년 열차

빵빵한 연료 탱크 싣고 와
아낌없이 퍼붓고
다음 목적지 향한다

기쁨으로 가득 찬 풍요로움
한 층 한 층 노적 쌓으며
오감 속 파고들고

오후의 햇살은 더한층 쏟아 내려
가을 향기 맘껏 쏟아 내고
낮과 밤 교차 속에
서릿발 송골송골 늦가을 암시한다

전성기 지난 홍시
탄력 잃어 흐물흐물
땅바닥과 박치기 한방으로
종말 맞이한다.

하루를 돌아보며

입안에 잠복한 거짓말 게워 내고
진실 속에서 우러나오는
참말 꺼내어
노송 백학 도자기 담는다

예쁜 장식대에 자리 잡은 우아함
한 점 정물화로 환생 되어
고상한 품격 눈길 끌어당긴다

지나간 바람 끌어모아
맛나게 간 맞추고
구름 한 점 잡아당겨 진달래꽃 물들여
예쁘게 고명 얹는다

연분홍 천리향 맘대로 퍼져
아씨방 기웃기웃
사랑채 글 읽는 소리 선비 정신 가득하다

시간은 똑깍똑깍 잘려 나가
해름참 따라나서고
하루 탕진한 태양은 느슨해진 나사처럼
탄력 잃어
저녁 손님에게 자리 반납한다.

그림자

등 뒤 의문의 검은 옷차림
으스스하다
사라졌을까 하고 뒤돌아보니
계속 따라온다

소름 끼치게
움직이는 행동까지 따라 한다
도깨비 닮은 종이 한 장의 무게

쉽게 바람에 흔들리지도 않는
유령 같은 물체
점심 때쯤 오금 저린 눈빛으로
뒤돌아보니
고맙게도 사라졌다

식사하고 가슴 쫙 펴고
다시 길 걷는데
이상한 낌새에 뒤돌아보니
맙소사 또 나타났다

힘찬 박동질에 쫄아
결국 방으로 피신했다

휴 안도의 한숨
어머니 품속 안기는 평온함이다.

너 잘났다

식탁 위에 올라온 복숭아 한 접시
우리 먹거리가 되기 위해
몇 달을 날씨와 싸웠을 것이다

예쁘장한 꽃송이에서
콩알 만한 열매 시작으로
아무도 모르게 조금씩 둥글어지느라
어제도 오늘도 끙끙

얘 그렇게 신음할 필요 없어
때 되면 저절로 익어 가는 거야
계절 따라다니는 자연이 있잖니
한마디 던지고 바람은 휙 사라진다.

은근슬쩍

방긋 웃는 하늘
푸른 물감 곱게 물들여 놓고

뭉게구름 화가 필묵
요지 각색 예쁜 무늬
하늘 가득 그리고 있다

아마도 오늘의 우승은
푸른 하늘 흰구름이
유력하다

넓고 깊은 바다는
구름무늬
슬그머니 표절해 놓고
자기 작품인 양 으스댄다

저 동네는
저작권법도 없나 보다.

남쪽 손님

커피 향 내음
수시로 드나드는 찻잔 속
주인 안부 묻는
고아한 모습에서
우정이 송알송알

카톡 메시지에
봄 향기 몰래 들어와
양지쪽 자리 잡고

푸르던 하늘빛
갑자기 회색 우비 갈아입고
물지게 두리번두리번

화창했던 그 순간을
하나하나 꿰매어
처마 밑 걸어놓고

봄기운 파닥이는
결 고운 나뭇가지
훈훈한 바람이 쓰다듬으며

햇살이 따스한 빛 다독여
매화꽃 소식 들썩인다.

고양이

햇살이 세 들어온 아늑한 보금자리
작년 이어 올해도
금싸라기 역세권 차지하며
새끼 다섯 마리 낳았다

어미가 먹이 사냥 나갈 때
은밀히 들여다보면
엄마는 노랑 무늬인데
아빠를 닮았는지 색깔이 호피로
반반이다

얄미운 그늘이 찾아올 시간이면
어미는 태양보다 따뜻하게
유리 상자 마네킹처럼 감싼다

태어난 그날부터
어미 젖 찾느라 칭얼거리며
꼼지락거린 모습
귀여움이 뚝뚝

새끼 길러 분양 보낼 때까지
임대료 없는 단독 주택

단풍잎 하나 날아와 살포시 내려앉아
멋진 작품 한 점 제공한다.

여행 단상

반쯤 해체된 오후가 고요를 만지작거리는
해변가 모퉁이
얼키설키 집 한 채 위태롭다
어둠과 바람에 상처난 시간을
절반의 낮과 절반의 밤으로 싸매주다가
푸르탱탱 늙어버린 철대문 녹슨 무늬

무뚝뚝한 철의 얼굴이 삐거덕대자
귓가에 붐비는 뜨거운 적막,
그 안으로 들어서니
생의 뒤안길도 모두 꽃시절이었다며
붉은 화인으로 찍혀 있는 능소화
함박웃음으로 맞이한다

폭염의 치명 속으로 몸 던지는
손바닥만 한 판자 쪼가리엔
하룻밤의 안전을 주석으로 달고 있는
'방 있음'이 낙서처럼 적혀 있다
몽유의 시간 주우며 한참 기다려도
주인장은 보이지 않고
짙은 파도소리만 담장 넘나든다

빙하기 건너온 바다의 생전 말씀 같은
소금기 어린 지붕은
햇빛에 반사되어 금빛 수놓고
허공 가로지른 수평의 방식 추구하되
게으르거나 나태한 법이 없는
저 빨랫줄에는
갈매기 울음이 악보처럼 매달려
한 곡 부추긴다
연주 맞춰 백갈매기 노래 한 곡 흥얼거릴 때
몸뚱이 보따리 반반으로
사람인지 괴물인지 헷갈린 순간

나이 많은 집의 내력을 알고 있는
그늘이 시원한 궁뎅이 들이민
쪽마루에 걸터앉아 짐 풀어놓고
길게 내쉬는 한숨
뜨락까지 내려앉는다

쓸쓸한 내일의 안색 같은
미래의 내 모습이려니 체념하고
허전한 말투 뱉어내는
퀘퀘한 냄새와 비릿함이 어우러진
방바닥에 짐 풀고 하룻밤 신세 진다.

고마운 존재

열심히 살아가는 시민들에게
이유 없이 괴롭힐 때
숲속 바람 지원군 들이닥쳐
한 방에 해결한다

좁은 공간에 둔탁한 공기
의지하는 것보다
무등산 우듬지 빙 돌아
마을 향해 직진하는 일급 바람

시민 지킴이로 자리매김하면서
자연 바람 무한 베푼다

법질서 모르는 무더위
염치없이 무단 횡단까지
무시하며 쳐들어오지만

천혜 바람 착한 도움으로
맥없이 쓰러지고 만다.

임금남 시인의 제8시집 출간을 축하하며

박 덕 은
(문학박사, 전 전남대학교 교수, 문학평론가)

임금남 시인은 광주광역시 광산구 임곡동에서 1948년에 아버지 임창묵 씨와 어머니 홍양순 씨 사이에서 5남 3녀 중 막내로 태어났다.

그녀는 임곡 남초등학교, 임곡 중학교를 거쳐, 중앙여고를 졸업했다.

월간지《문학공간》시 부문 신인문학상 수상, 계간지《아시아서석문학》시, 수필 신인문학상 수상,《강원시조》시조 부문 문학상 수상으로 문단에 데뷔했다.

문학상으로는, 박덕은 미술관 디카시 작품상, 포랜컬쳐 문학상, 치유문학상 시조 부문, 치유문학상 수필 부문 우수상, 커피 문학상 동상, 삼행시 문학상, 신정문학상 동시 부문, 토방구리 문학상 본상, 김해 시화전 문학상 작품상, 남명문화제 시화문학상 김해예총상, 아시아 서석문학 작품상, 포랜컬쳐 문인협회 작품상, 제2회 '박덕은 미술관' 전국 디카시 공모전 수상, 제5회 완전공감단시조문학상 차상, 제2회 히말라야 문학상 성북구청장상, 제14회 현대시 문학 삼행시 문학상 금상, 문화앤피플 4월의 작가상, 윤동주 별문학상, 제2회 갈마 문학상, 제42회 빛창공모전 '가을편' 가작, 제6회 꽃다리 문학상 우수상, 제2회 반려동물 디카시 공모전 최우수상, 제15회 대한민국 독도 문예대전 특선 등을 수상한 바 있다.

문단에서는, Asia 서석문학 이사, 광주시인협회 이사, 광주문인협회 이사, 서울문인협회 회원, 화순문인협회 회원, 문학공간 회원, 한실문예창작 회원, 화순군민신문 전속 시인, 한국문인협회 회원, 김현승시인기념사업회 이사, 현대문예 회원, 충장문학 회원, 광산문학 회원, 한국사이버문예 회원, 문화앤피플 회원, 방그레 문학회 회장 등으로 활약하고 있다.

저서로는 제1시집 『보름달을 삼키다』, 제2시집 『노을을 품다』, 제3시집 『나들이 나온 바람』, 제4시집 『어찌나 예쁜지』, 제5디카시집 『기분 좋은 날』, 제6시집 『모란꽃 필 때면』, 제7시집 『시인의 길』이 있다.

어느 날 그녀는 다음과 같이 자신의 삶을 회고했다.

"살아온 제 삶은 호사보다는 허접한 생활이었다. 가난한 집에 시집와, 남편의 변변치 않는 직업으로는 턱없이 부족한 생활이었으니까. 9남매의 장손 며느리라, 너무나 버거웠다. 시동생과 자식들 모두 결혼하고 난 지금에 와서야 다소 여유로운 삶을 누리고 있다."

"한문 학원 1년 다니면서 한자 2,000자를 배웠고, 농협중앙회에서 표창장을 받았고, 남편 회사에서 저의 일거일동을 모두 지켜본 후에 준 알뜰 주부 표창장과 금반지를 받은 바 있다. 그밖에 자랑할 만한 것이라고는 남편 환갑 때 미국 관광 다녀오고, 내 환갑 때 유럽 5개국을 구경했다는 것뿐이다."

자, 그러면 지금부터 임금남 시인의 시 세계를 향긋이 탐색해 보기로 하자.

입안에 잠복한 거짓말 게워내고
진실 속에서 우러나온 참말 꺼내어
노송 백학 도자기에 담는다

품격 갖춘 장식대에 자리잡은 우아함
한 점 정물화로 환생 되어
고상한 이미지 끌어당긴다

지나간 바람 붙잡아
삼삼하게 간 맞추고
구름 한 점 끌어와 진달래 꽃잎 물들여
예쁘게 고명 얹는다

연분홍 천리향 맘대로 펴져
아씨방 향내음 가득 채우고
사랑채 글 읽는 소리 가득하다

시간은 또각또각 채 썰어
해름참 따라나서고
하루 탕진한 태양은
느슨해진 나사처럼 탄력 잃어
저녁 손님에게 자리 반납한다.

-「하루를 돌아보며」 전문

이 시에서의 시적 화자는 하루를 마무리하는 성찰의 시간을 우아하게 그려내고 있다. 하루를 성찰하고 그 힘으로 다시 한 달을 살피고 일 년을 돌아볼 줄 안다면 우리는 성장하고 성숙할 것이다. 시적 화자는 "입안에 잠복한 거짓말 게워내고/ 진실 속에서 우러나온 참말 꺼내어/ 노송 백학 도자기에 담"고 있다. 일기장에 쓰는 게 아니라 노송 백학 도자기에 담는다니, 놀랍고 멋지다. 시인의 상상력에 박수를 보낸다. 노송 백학 도자기에 "진실 속에서 우러나온 참말"을 담는다는 것이다. 하루를 성찰하는 그 진실성이 엿보인다. 도자기에 담았으니 그 안에 담긴 참말을 얼마나 귀하게 여길까. 우리도 하루의 성찰을 진실되게 한다면 우리의 내일은 분명 빛날 것이다. 그 도자기는 "품격 갖춘 장식대에 자리잡은 우아함/ 한 점 정물화로 환생 되"고 있다. 상상의 폭이 넓다. 시는 이렇듯 톡톡 튀는 상상력이 뒷받침되어야 한다. 지루하지 않게 긴장감 있게 시상을 전개해야 한다. 도자기는 이제 한 점 정물화로 변신하여 고상한 이미지를 끌어당기고 있다. "지나간 바람 붙잡아/ 삼삼하게 간 맞추고/ 구름 한 점 끌어와 진달래 꽃잎 물들여/ 예쁘게 고명 얹"고 있다. 지나온 하루를 되돌아보며 자신의 발걸음을 짚어볼 필요도 있지만 내일로 나아가는 걸음의 방향을 잡아봐야 한다. "진달래 꽃잎"에서 희망과 꿈으로 나아가는 걸음이 엿보인다. 미래에 대한 희망과 지나온 시간의 성찰이 깊어져 "연분홍 천리향 맘대로 퍼져/ 아씨방 향내음 가득 채우"고 있다. 향기로 천리를 간다는 천리향처럼 시적 화자의 내일과 먼먼 훗날은 향기로울 것 같다. 오후는 훌쩍 흘러 "시간은 또각또각 채 썰어/ 해름참 따라나서고" 있다. 시간적 배경을 이렇게 멋지게 표현하다니, 놀랍다. 시인의 내일이 기대된다. "하루 탕진한 태양은/ 느슨해진 나사처럼 탄력 잃어/ 저녁 손님에게 자리 반납"하며 기울고 있다. 표현이 신선하다. 이 시에서 시적 화자는 먼저 내면의 거짓을 토해내고 진실된 말을 귀한 도자기에 담아내며, 이를 품격 있는 정물화처럼 고상하게 승화시키는 자기 정화 과정을 보여주고 있다. 또한, 과거의 순간과 자연의 요소를 붙잡아 섬세하게 조화시키고 아름다운 색을 입히는 행위는 일상에 미적 가치를 부여하고 있다. 시간이 썰물처럼 흘러 하루를 탕진한 태양이 힘을 잃고 저녁에게 자리를 내주는 모습을 통해, 고요한 공간 속에 깊은 사색과 함께 하루의 소멸을 담담하게 받아들이는 정서를 표현하고 있다.

짠내 나는 그늘 맛이 좋아
파랗고 노랗고 붉은 여름의 생각들이
제 몸에 맞는 그림자를 펼치는
비치파라솔에서 마주 앉은 연인
커피잔에 얼음 사탕 등장에
오후의 태양
이맛살 찡그리며 물러선다

가파른 허공의 물살에 길을 놓칠까 봐
비릿한 입술 앙다물고
맑은 지느러미 파닥거리며 달려온
한 무더기 갯바람
해물 한 동이 퍼다 부으며
탕 집 재촉하고

바다 가까이 별장 한 채
시큼한 감정 뚝뚝 흐르는 절정이
푸른 문장으로 자라는 청포도 한 그루
사생활 보호하는 유전자가 제 키 늘리더니

담장 너머 까치발 디디고
바깥 훔쳐보며
갈매기 울음 파도 소리에
탱글탱글 곱게 익어간다

서성거리는 불면 속에서
날 선 의식의 끝자락 붙잡고
꽃피는 이력도 없이 잃어버린 그리움
한 소절 이어준 낙서 같은
잊지 못할 추억 한 페이지

-「바다가 손짓하는 여름」 전문

이 시에서의 시적 화자는 뜨거운 여름날 바닷가에서 경험하는 다채로운 감각과 추억을 몽환적으로 그려내고 있다. 어느 휴양지 바닷가에는 "한여름 무덕무덕 쌓여가"는 야자수 그늘이 파도소리와 함께 즐비하게 펼쳐져 있다. 영화의 한 장면처럼 "백사장 찜질하는 야리야리한 여인"들이 "수영복 차림에 썬글라스"를 착용하고 있다. 그곳은 "호기심 많은 양떼구름과 함께/ 지상으로 귀향하기 위해/ 천길 벼랑 끝에서 뛰어내린" 하늘빛이 내려앉은 곳이다. 시어로 그림이 그려진 바닷가가 참으로 아름답다. 시는 이렇듯 눈에 보이게 손에 잡히게 시어로 행과 행을 엮어가야 한다. 그곳에는 "짠내 나는 그늘맛이 좋아/ 파랗고 노랗고 붉은 여름의 생각들이/ 제 몸에 맞는 그림자를 펼치는/ 비치파라솔"이 놓여 있다. 낯설기 하기를 통해 비치파라솔을 개성 있게 표현하고 있다. 비치파라솔의 화려함이 주는 이미지를 잘 그려내고 있다. 시는 이렇듯 시적 대상과 일정한 거리를 두되 다양한 감각를 활용해 새롭게 탄생시키며 구체화시켜야 한다. 그런 과정에서 새로운 의미를 구축해 가며 시상을 전개해야 한다. 시가 지나치게 안정적이면 안 된다. 때로는 도발로 때로는 충돌로 다가가야 새로운 해석이 가능하다. 시에 탄력이 있고 개성이 돋보여야 시적 힘을 발휘할 수 있다. 비치파라솔이 놓여 있는 바닷가로 바닷바람이 불어온다. 그 바람은 "가파른 허공의 물살에 길을 놓칠까 봐/ 비릿한 입술 앙다물고/ 맑은 지느러미 퍼득거리며 달려"오고 있다. 바닷바람의 느낌이 물씬 풍기는 표현들이다. "가파른 허공의 물살", "비릿한 입술", "맑은 지느러미"에서 바다의 이미지를 잘 포착하고 있다. 시적 화자는 바다에서 가까운 별장으로 자리를 옮긴다. 그곳은 "시큼한 감정 뚝뚝 흐르는 절정이/ 푸른 문장으로 자라는 청포도 한 그루"가 있다. 청포도의 신맛이 "시큼한 감정 뚝뚝 흐르는 절정"으로 표현되어 있어, 연결성이 좋다. 별장이 있는 그곳의 담장은 "사생활 보호하는 유전자가 제 키 늘리"고 있기에 담장 안에서의 생활은 자유롭다. 시적 화자는 비치파라솔과 바닷가와 별장의 이야기가 한여름밤 서성거리는 불면 속에서 떠오르는 것들이었다며 시를 마무리하고 있다. 이 시에서 '하늘빛 내려앉은 바닷가 야자수 그늘' 아래에서 수영복 차림의 여인과 파라솔 아래 연인의 모습은 한 폭의 그림 같은 평화로운 정경을 연출하고 있다. '짠내 나는 그늘맛'과 '비릿한 입술 앙다물고 달려온 갯바람' 등 생생하고 선명한 감각적 묘사를 통해, 여름날의 분위기를 고조시켜 놓고 있다. 이러한 시적 화자의 경험들은 결국 잊지 못할 추억의 한 페이지를 완성하며 독자들에게 깊은 향수와 여운을 남기고 있다.

취객처럼 비틀거리던 화물차
중심 잃고
와르르 무너져 내리며
순식간에 술에 취해
도로를 점령한다

속도에 굶주린
건방지고 취기 어린 바퀴가
끌려다니다가
끝내 사고로 이어진
저 궁색한 도수들

잠시 후
사이렌 경적 울리며
달려온 수습 대원들
널브러진 상황에 눈앞이 캄캄해
정신 뒤죽박죽이고

눈물 적시는 취기에
헛발질하는 오후 다섯 시는
해 질 녘으로 가는 차에

무임 승차하고
지지배배 지지배배 노래하는
취객들도 올라탄다

통성명도 하지 않는
불콰한 술의 감정들이
길바닥 벌컥벌컥 들이키며
곤드레만드레
도로 정리 끝났지만
술 냄새는 여전히
바닥을 서성거리고 있다

-「도로 위 술파티」 전문

이 시에서의 시적 화자는 화물차 사고로 인해 짐칸에 실려 있던 막걸리 병들이 깨져 술이 도로 위로 쏟아지는 상황을 의인화하여 표현하고 있다. 사고의 원인을 시적 화자는 "속도에 굶주린/ 건방지고 치기 어린 바퀴에/ 끌려다니다가 끝내 넘어"졌다고 한다. 과속을 했다는 것이다. 짐칸의 막걸리와 운전자가 "건방지고 치기 어린 바퀴"에 끌려다녀서 사고가 났다는 것이다. 재미있는 표현이다. "건방지고 치기 어린 바퀴"에서 운전자가 젊다는 것을 유추할 수 있다. 시는 이렇듯 에둘러서 표현해야 한다. 시적 대상의 특징을 잘 파악해 그에 적절한 비유로 빗대어서 표현해야 한다. 그러려면 치밀한 시적 전략으로 다가가야 한다. 시적 대상과의 경계를 허물면서 감정을 이입하며 상상의 공간 속에서 동일시하는 과정을 겪어야 한다. 그런 점에서 이 시는 눈길을 끌고 있다. 화물차는 사고가 나 순식간에 도로 위로 막걸리병이

나뒹굴고 있다. 그 모습을 "바닥으로 쏟아지며/ 대작對酌이 필요 없는/ 저 궁색한 도수들"이라고 표현하고 있다. 보통 막걸리는 상대방과 대작對酌을 하며 마시는데 바닥으로 쏟아졌으니 그런 대작이 필요가 없단다. 어쩔 수 없이 혼술을 하는 "궁색한 도수들"이 된 것이다. 도로에 널브러진 막걸리병을 보며 운전자는 치우고 정리할 일이 막막해 한숨을 내쉰다. 그나마 다행히도 어디선가 "사이렌 경적 울리며/ 달려온 수습 대원들"이 도착한다. 수습 대원들과 함께 운전자는 도로를 점령한 막걸리병을 치우고 있는데 오후 5시가 되어 가고 있다. 오후 5시라는 시간적 배경을 "눈을 적시는 취기에/ 헛발질하"는 시간이라고 표현하고 있다. 또 "해 질 녘으로 가는 차에 무임승차"하는 시간이라고 말하고 있다. 오후 5시에 대한 해석이 다양해서 시의 맛이 있다. 해거름으로 가는 그 차에 "지지배배 지지배배 노래하는/ 취객들도 올라"타고 있다. 시에서 유머가 느껴진다. 시는 이렇듯 큰 물줄기로 흘러가되 곳곳에 잔재미를 주면 시를 읽는 재미가 더해진다. 이번에는 도로를 점령한 막걸리를 "게거품 물고 피어오르는 하얀 꽃"이라고 새롭게 해석하고 있다. 하나의 관점으로만 보지 않고 다양한 시야로 살피고 들여다보고 있어 멋지다. 막걸리병이 깨지며 바닥에 쏟아진 상황을 "통성명도 하지 않은/ 불콰한 술의 감정들이/ 길바닥 벌컥벌컥 들이켜서/ 귀를 적시는 술주정이/ 널브러져 있다"라고 표현하고 있다. 마치 술에 취한 사람이 술주정을 하다 길바닥에 쓰러진 모습처럼 표현하고 있다. 이 시에서 사고 현장은 마치 술에 취한 듯 혼란스러운데, 굴러다니는 막걸리를 '도로 위로 나뒹구는 취객'에 비유하고, 이로 인해 아수라장이 된 상황을 '눈을 적시는 취기'로 묘사해 놓고 있다. 수습 대원들이 현장을 정리하지만, '불쾌한 술의 감정들'과 '귀를 적시는 술주정'처럼 술내음과 혼란의 여운은 쉽게 가시지 않고 길바닥에 서성거리고 있다. 이 시는 단순한 교통사고 이상의 강렬한 이미지와 감각적인 비유를 통해, 현장의 난감한 분위기를 잘 전달하고 있다.

반쯤 해체된 오후가 고요를 만지작거리는
해변가 모퉁이
얼키설키 집 한 채 위태롭다
어둠과 바람에 상처난 시간을
절반의 낮과 절반의 밤으로 싸매주다가
푸르탱탱 늙어버린 철대문 녹슨 무늬

무뚝뚝한 철의 얼굴이 삐거덕대자
귓가에 붐비는 뜨거운 적막,
그 안으로 들어서니
생의 뒤안길도 모두 꽃시절이었다며
붉은 화인으로 찍혀 있는 능소화
함박웃음으로 맞이한다

폭염의 치명 속으로 몸 던지는
손바닥만 한 판자 쪼가리엔
하룻밤의 안전을 주석으로 달고 있는
'방 있음'이 낙서처럼 적혀 있다
몽유의 시간 주우며 한참 기다려도
주인장은 보이지 않고
짙은 파도소리만 담장 넘나든다

빙하기 건너온 바다의 생전 말씀 같은
소금기 어린 지붕은
햇빛에 반사되어 금빛 수놓고
허공 가로지른 수평의 방식 추구하되
게으르거나 나태한 법이 없는
저 빨랫줄에는
갈매기 울음이 악보처럼 매달려
한 곡 부추긴다
연주 맞춰 백갈매기 노래 한 곡 흥얼거릴 때
몸뚱이 보따리 반반으로
사람인지 괴물인지 헷갈린 순간

나이 많은 집의 내력을 알고 있는
그늘이 시원한 궁뎅이 들이민
쪽마루에 걸터앉아 짐 풀어놓고
길게 내쉬는 한숨
뜨락까지 내려앉는다

쓸쓸한 내일의 안색 같은
미래의 내 모습이려니 체념하고
허전한 말투 뱉어내는
퀘퀘한 냄새와 비릿함이 어우러진
방바닥에 짐 풀고 하룻밤 신세 진다.

-「여행 단상」 전문

이 시에서의 시적 화자는 바닷가 낡은 집에 머물게 되는 여정을 섬세한 감각으로 그려놓고 있다. 시적 화자는 바닷가 어느 여행지에서 숙박을 하기 위해 방을 알아보고 있다.

눈에 띄는 민박집에 들어가는데 그 집의 철대문을 "어둠과 바람에 상처난 시간을/ 절반의 낮과 절반의 밤으로 싸매주다가/ 푸르탱탱 늙어버린 철대문 녹슨 무늬"를 하고 있다고 표현하고 있다. 오래되어 낡은 철대문에 어떤 이야기를 입혀서 표현하고 있다. 저 철대문도 주인장처럼 상처난 시간을 싸매주고 다독거리다 푸르탱탱하게 녹이 슬며 늙어 버렸을 것이다. 시적 화자는 그 집의 철대문 여는 모습을 "무뚝뚝한 철의 얼굴이 삐거덕대자/ 귓가에 붐비는 뜨거운 적막"이라고 표현하고 있다. 뜨거운 적막을 통해서 계절이 여름임을 알 수 있다. 묵직한 철대문의 소리와 무더운 더위를 감각적으로 잘 표현하고 있다. 대문을 열고 들어서니 "생의 뒤안길도 모두 꽃시절이었다며/ 붉은 화인으로 찍혀 있는 능소화"가 반기고 있다. 여행지에서의 감성이 꽃시절이라는 생의 뒤안길로 다가온 것일까. 생의 뒤안길이 어찌 모두 꽃시절이었겠는가. 하지만 넓은 의미에서 생의 뒤안길은 모두 꽃시절이었다. 뒤돌아보면 인생은 소풍이었고 축제였다. 그 깨달음을 얻는 시간이 여행이다. 마당 한쪽엔 작은 팻말이 걸려 있는데 "폭염의 치명 속으로 몸 던지는/ 손바닥만 한 판자 쪼가리엔/ 하룻밤의 안전을 주석으로 달고 있는/ '방 있음'이 낙서처럼 적혀 있"다. 저 팻말은 바람에 흔들거리며 철대문만큼이나 늙어가며 여행객을 맞이했을 것이다. 문득 판자로 만든 팻말에서 삐뚤빼뚤 '방 있음'이라고 적혀 있어 사람 냄새가 난다. 근사한 호텔은 아니지만 낭만이 느껴진다. 시적 화자는 민박집 마당에서 "몽유의 시간 주우며 한참 기다"리는데도 주인은 보이지 않고 "짙은 파도소리만 담장 넘나"들고 있다. 주인이 보이지 않는다고 서둘러 그 민박집을 떠나지 않고 몽유의 시간을 줍다니, 삶을 대하는 자세가 긍정적이고 여유롭다. 그런 자세로 살아왔기에 시적 화자의 생의 뒤안길은 모두 꽃시절이었던 것이다. 눈을 들어 지붕을 바라보다가 빨랫줄에 눈길이 간다. 그 빨랫줄은 "허공 가로지른 수평의 방식 추구하되/ 게으르거나 나태한 법이 없"단다. 빨랫줄에 "갈매기 울음이 악보처럼 매달려/ 한 곡 부추"기고 있다. 시적 화자의 저 여유로운 시선이 멋지고 부럽다. 조급해하지 않고 삶을 느긋하게 대하고 있다. 어찌 보면 우리는 저와 같은 삶의 시선을 갖고자 여행을 떠나는지도 모른다. 일상의 분주함을 벗어던지고 싶어서 나만의 여행을 간다. 시적 화자는 기다림에 지쳤는지 쪽마루에 걸터앉아 짐을 내려놓는다. 그 쪽마루엔 시적 화자 말고 "나이 많은 집의 내력을 알고 있는/ 그늘"이 시원하고 캄캄한 궁뎅이를 들이밀고 있는 곳이다. 그러니까 쪽마루에는 시적 화자와 그늘이 함께 앉아 있는 것이다. 재밌는 표현이다. 이 시에서 시적 화자는 위태롭게 서 있는 집의 낡고 녹슨 모습에서 오랜 세월의 흔적을 발견하며, 뜨거운 적막 속 능소화를 통해 삶의 꽃시절을 되돌아보고 있다. 주인 없는 듯한 고요 속에서 파도소리와 갈매기 울음소리가 배경을 이루고 있다. 마침내 하룻밤의 안전을 제공하는 방으로 들어가며 여정을 마무리하고 있다. 삶의 속도를 줄이며 느림의 세계로 독자를 안내하고 있다.

윤기 자르르
검정 드레스 차림에 우아한 자태
들과 바다의 만남

그 누구도 거절할 수 없는
신선한 김밥

다정한 간격으로 동글동글 뭉쳐져
온전한 표정 얻기 위해
하얗고 까만 일생이
곡선의 배경으로 자리하며
한 겹 한 겹 마는 일에 집중한다

혼자서는
세상으로 나갈 수 없어
앞과 뒤 옆에
우리의 체온 알록달록 나열하고
내일의 안색 견인할 수 있도록
고소함의 자세 바른 저 태도

울긋불긋 꽃송이 활짝 피어나
방실방실 웃는 모습
어찌 저리 곱고 예쁠까
고객 식성 따라 많게 또는 적은 숫자 출동

서걱서걱 칼날 밀어도 간이 맞는 애들은
서로를 끌어당기며
쫀득한 연대로 이어 나가
속이 꽉 찬 동그라미 한 생으로
전국 미식가들을 사로잡는 대단한 별식

-「하나로 뭉쳐진 진미」 전문

이 시에서의 시적 화자는 한국의 대표적인 음식인 김밥을 의인화하여, 김밥을 만드는 과정과 의미를 아름답게 묘사해 놓고 있다. K팝에서 시작된 열풍이 K푸드로 확산되어 김밥이 세계인의 입맛을 사로잡고 있다. 김밥의 재료인 '김'이 외국에 알려지지 않았을 때는 검정색 종이 같은 것을 동양인이 먹는다며 외국의 경찰서에 신고도 당했다고 한다. 그런데 지금은 그 김밥을 먹기 위해 외국인들이 줄을 서고 있다. 완성된 김밥의 모습을 "다정한 간격으로 동글동글 뭉쳐진/ 온전한 표정"이라고 표현하고 있다. 소풍이나 나들이를 가서 김밥의 저 온전한 표정을 지인들과 나눠 먹곤 했다. 다정한 간격으로 동글동글 말아져서인지 주고받은 대화도 다정했다. 김을 반듯하게 펼쳐 갓 지은 밥을 올리고 속재료를 넣은 후 둥글게 마는 동작을 "하얗고 까만 일생이/ 곡선의 배경으로 자리하며/ 한 겹 한 겹 마는 일에 집중"한다고 표현하고 있다. "곡선의 배경"이라는 표현이 눈길을 끈다. 둥글게 말아진 김밥을 일정한 크기로 잘라 접시에 담긴 모습을 "앞과 뒤와 옆에/ 우리의 체온 알록달록 나열하"고 있다고 말하고 있다. 그렇게 접시에 담은 이유는 "혼자서는/ 세상으로 나아갈 수 없어" 그랬단다. 또 "내일의 안색 견인할 수 있도록/ 고소함의 자세 바른 저 태도"를 갖기 위해 그랬단다. 삶을 대하는 시적 화자의 마음가짐이 멋지다. 불안한 내일일지라도 밝고 희망차게 다가가겠다는 긍정이 엿보인다. 시는 이처럼 삶의 자세를 다시 재정비하는 일이다. 둥글게 말린 김밥을 칼로 썰지만 "간이 맞은 꿈들은/ 서로를 끌어당기는/ 쫀득한 연대가 있어" 부서지거나 터지지 않는다. 살면서 감당하기 힘든 아픔이 와도 꿈과 열정과 의지가 있다면 그 아픔을 이겨낼 수 있다고 에둘러서 말하고 있는 듯하다. “간이 맞은 꿈”과 “쫀득한 연대”의 연결성이 좋다. 그렇게 “속이 꽉 찬 동그라미 한 생은 맛있”다며 우리도 속이 꽉 찬 한 생을 만들어가자고 권유하고 있다. 밥과 속재료들이 조화롭게 어우러져 완전한 하나의 형태를 이루는 모습은 마치 세상으로 나아가기 위해 서로 협력하는 삶의 태도를 반영하고 있다. 얇게 썬 김밥이 손님을 맞이할 준비를 하는 과정은 서로를 끌어당기는 끈끈한 연대를 통해 탄생한 결과물이며, 이는 손님에게 큰 만족감을 선사하며 성공적인 하루를 만들어낸다는 기쁨을 표현하고 있다.

은둔을 벗은 밀고자의 얼굴로
커피잔에서 튀어나온
한 움큼의 수다가
입가에 붙어 있는 부스러기 말들을
손으로 떼어내며 서로에게 건네는
번화가 커피숍

한때의 청춘 같은
장미향 지나 이마에
세월 훈장 새겨진 여인들
잠자리 날개 원피스에
명품백이 마님 곁에
비서로 앉아 품격 높여 준다

푸념과 환상과 어제가
나불나불 풀려나오는 입술에서는
자식 자랑하느라 숨 쉴 새 없고
너절한 얘기 서로 먼저 쏟아내느라 바쁜

혼성 합창단

부러움과 물음표와 말줄임표가
커피향으로 뒤섞이며 낮게 깔리고
속도 높이는 맹목의 말투는
어지럼증도 없는지 끝도 없이 달려
수다의 전성기가 열린다

한낮의 결핍
그 바닥 드러나도록 잡거리 장사 끝내고
오랜만에 무거운 엉덩이 이동
누에고치 실타래 무리
다음 목적지 어디일까

수다 깔고 앉은 저 오후는
와글와글 빛나고
침까지 튀기는 발그레한 안색
그 왁자한 말맛으로
배가 부른 이야기는 쌓여간다

펄럭이는 돈냄새 나는 스타일
낭만을 소비하는 꽃나비 날아들고
지루한 하루해 서산 너머
달빛 마중 나오는 저들의 하루.

-「봄바람」 전문

이 시에서의 시적 화자는 번화가의 커피숍을 배경으로, 그곳에서 대화를 나누는 중년 여성들의 모습을 생동감 있게 그려내고 있다. 시적 화자는 커피숍에서 대화를 하고 있다. "은둔을 벗은 밀고자의 얼굴로/ 커피잔에서 튀어나온/ 한 움큼의 수다가/ 입가에 붙어 있는 부스러기 말들을/ 손으로 떼어내며 서로에게 건네"고 있다. 마음 통한 지인과의 만남이 "은둔을 벗은 밀고자의 얼굴"로 형상화되어 있다. 어떤 말을 해도 서로 이해하며 통한다고 생각하니 그동안의 은둔을 벗고 상대에게 속엣말을 할 수 있는 것이다. 은둔과 밀고자에서 서로를 향한 친밀감이 엿보인다. 커피숍을 찾은 여인들은 어느 정도 나이가 들었는데 그 모습을 "한때의 청춘 같은/ 장미향 지나 이마에/ 세월 훈장 새"긴 여인이라고 말하고 있다. 장미향에서 여인들의 청춘이 아름다웠음을 짐작할 수 있다. 그 여인들의 곁에는 비서처럼 명품백이 앉아 있다. 유머가 느껴진다. 그간의 얘기를 꺼내놓느라 "푸념과 환상과 어제가/ 나불나불 풀려나오는 입술"은 바빠진다. 하고픈 말이 얼마나 많았으면 "너절한 얘기 서로 먼저 쏟아내느라 바쁜/ 혼성 합창단" 같다고 했을까. 몇몇은 상대방의 얘기를 듣고 부러움도 느끼며 같이 아파하기도 했을 것이다. 그 상황을 "부러움과 물음표와 말줄임표가/ 커피향으로 뒤섞이며 낮게 깔리고" 있다로 표현하고 있다. 말줄임표에는 많은 감정과 생각들이 함축되어 있다. 슬픔으로 가슴 저미는 말줄임표일 수도 있고 부러움이 스며들어 위축되는 말줄임표일 수도 있다. 서로의 얘기를 마구잡이로 꺼내놓으며 "속도 높이는 맹목의 말투는/ 어지럼증도 없는지 끝도 없이 달려/ 수다의 전성기"를 열고 있다. 그렇게 한참 수다를 떨어 "오후는/ 와글와글 빛나고/ 침까지 튀기는 발그레한 안색/ 그 왁자한 말맛으로/ 배가 부른 이야기는 쌓여"가고 있다. 표현들이 신선하고 통통 튀는 맛이 있다. 까르르 웃는 소리가 들리는 듯하다. 시어로 귀맛이 좋게 하고 있다. 그런데 시의 마지막에서 이 모든 게 "펄럭이는 돈냄새 나는 스타일/ 낭만을 소비하는 꽃나비"라고 정의를 내리고 있다. 마치 어떤 허기를 채우기 위해 수다를 떨었던 것이라며 에둘러 말하고 있는 듯하다. 이 시에서는 세월의 흔적이 엿보이는 여성들이 명품 가방과 화려한 옷차림으로 자신의 품격을 높이며, 마치 혼성 합창단처럼 푸념, 환상, 그리고 자식 자랑이 뒤섞인 수다의 전성기를 열고 있다. 이들은 일상의 결핍을 잊고자 무거운 몸을 이끌면서 모여, 맹목적인 말투로 끝없이 이야기를 쏟아내며 그 왁자한 말맛으로 배를 채우는 듯한 역동적인 오후를 보내고 있다. 결국, 이들의 만남은 지루한 하루를 달래고 낭만을 소비하는, 돈 냄새와 수다가 뒤섞인 결핍을 채우는 행위임을 암시하고 있다.

빈집 같은 쌀쌀한 바람
앞에 두고
커피 한 잔 마신다

인연 다한
낙엽의 발소리 하나둘 휘감기고
커피향 배어 있는 우리의 이야기에
쓴맛이 감돈다

빼꼼히 열린 틈새로
바람 우체부가 보내온
그 시절의 알록달록한 편지
아직도 달콤하다

당신은 식물성 크림만 고집하고
나는 설탕만 고집하며
위기로 치달아 간다

아픔과 아픔이 맞물리며
가을이 깊어가듯
오늘은 에스프레소
내일은 커피믹스

독특한 서로의 향으로
뒤섞이며 다가간다.

-「가을 앞에서」 전문

이 시에서의 시적 화자는 쌀쌀한 바람이 부는 가운데 커피를 마시며 지나간 인연과 현재의 복잡한 감정을 깊이 성찰하고 있다. 시적 화자는 가을 바람이 부는데 커피를 마시고 있다. 그 바람은 "빈집 같은 쌀쌀한 바람"이다. 이를 통해 시적 화자에게 어떤 어려움이 있다는 것을 알 수 있다. 그 어려움은 "커피향 배어 있는 우리의 이야기에/ 쓴맛이 감"돈다로 표현되어 있고, "당신은 식물성 크림만 고집하고/ 나는 설탕만 고집하며"에서도 느껴진다. 커피의 특성에 시적 화자의 어려움을 잘 녹여내고 있다. 시는 이렇듯 낯설게 하기를 해야 하지만, 시적 대상에 잘 녹여내야 한다. 지난날을 돌아보면 그래도 "그 시절의 알록달록한 편지/ 아직도 달콤하"기에 인연을 더 이어가고 싶어한다. 살아왔던 삶의 배경도 다르고 성격도 다 다르기에 "당신은 식물성 크림만 고집하고/ 나는 설탕만 고집"하며 충돌이 일고 서로에게 등을 돌리기도 했을 것이다. 둘 다 한 목소리로 식물성 크림을 원하면 될 텐데 시적 화자는 식물성 크림은 싫기에 설탕을 고집한다. 하나의 파격으로 사랑이라는 계절을 완성해야 하는데, 마음처럼 쉽지 않다. 오해와 서운함이 뒤섞이며 당신은 당신의 생각을, 나는 나의 감정을 주장하며 서로에게 다가가지 못해 지금 서로 아파하고 있는 것이다. 둘의 감정이 배려와 공감과 사랑으로 연결되어 연리지의 계절을 만들어야 하는데, 서로가 상대방 때문에 아프다고 하고 있다. 아픔과 슬픔은 덧나기 쉬운 체질이기에 시적 화자는 그 상처를 다독이기 위해 커피를 마시고 있는 것이다. 커피를 마시며 어떤 깨달음에 다다른 것인지 "아픔과 아픔이 맞물리며/ 가을이 깊어가듯/ 오늘은 에스프레소/ 내일은 커피믹스"라며 서로의 차이를 인정하며 존중한다. 부딪히고 깨치면 상처 입기 싫어 이별을 선택하는데, 그 다름을 "독특한 서로의 향으로/ 뒤섞이며 다가"가겠다고 마음을 먹는다. 다름을 인정하고 그 다름을 존중하며 나아가겠다는 다짐을 커피에 잘 녹여내고 있어 눈길을 끈다. 이 시에서 떨어지는 낙엽 소리가 인연 다한 과거를 상징하는 가운데, 커피에 배어든 이야기에서는 쓴맛이 느껴지지만, 과거의 아름다운 추억(바람 우체부가 보낸 편지)은 여전히 달콤하다며, 두 이미지를 대비시켜 놓고 있다. 설탕과 크림처럼 서로 다른 취향을 고집하는 두 사람의 관계는 위기로 치달아 가지만, 아픔이 맞물려 가을이 깊어지듯, 에스프레소와 커피믹스처럼 독특한 서로의 향으로 뒤섞이며 다가가는 현재의 모습을 통해, 관계의 복잡하고도 필연적인 조화를 보여 주고 있다.

커피향이 식을 때까지
기다려도 오지 않는 첫사랑

창문 기웃거리던 보름달
이별은 사소한 거라며
찻잔 속에 빠져
달빛으로 자라난 물무늬 일으킨다

당신이 앉았던
자리의 따스함도 식어
꽃 지는 소리만 만지작거린다

건방진 이별이
무심히 익숙해질 때까지
온종일 기다려 준
한 잔의 커피

쓴맛 나는 아픔이 무색하지 않게
블랙커피로 앉아 있다

말줄임표로 건너뛰는 저녁이
오늘도 내일도 외롭지 않게
곁을 지키고 있다.

-「약속」 전문

이 시에서의 시적 화자는 떠나간 첫사랑을 하염없이 기다리는 고독한 시간을 커피 한 잔에 투영하여 그려놓고 있다. 첫사랑만큼 가슴 뜨거운 사랑이 어디 또 있을까. 사랑이 뭔지도 모르고 시작한 첫사랑이기에 어떻게 갈등을 해결할지도 모르고 어떻게 서로에게 다가가며 서로의 다름을 존중하는지도 몰라 당황한다. 처음에는 뜨거운 감정으로 시작하지만 서로의 다름을 인정하지 못해 상처를 던지고 상처를 입는다. 하지만 진심으로 사랑했기에 그 첫사랑을 다시 이어가고 싶어한다. 시적 화자는 커피숍에서 첫사랑을 기다리고 있다. 하지만 "커피향이 식을 때까지/ 기다려도 오지 않" 는다. 의자에 앉아 기다리면서 어떤 말을 건넬까, 어떤 질문을 던질까, 어떻게 안부를 물을까 고심을 하며 기다렸을 텐데 끝내 첫사랑은 오지 않는다. 시적 화자는 오지 않는 첫사랑으로 인해 상처받지 않기 위해 스스로 괜찮다며 다독인다. "창문 기웃거리던 보름달/ 이별은 사소한 거라며/ 찻잔 속에 빠져/ 달빛으로 자라난 물무늬 일으"키지만 정작 마음은 아프고 불편하다. 이별 앞에서 담담하기가 어디 그리 쉬운 일인가. 저 보름달처럼 찻잔 속에서 물무늬 일으키며 이별 같은 것은 신경쓰지 않는다고 행동하면 좋을 텐데 사람 마음은 그렇지가 못하다. 뜨겁게 사랑했던 추억이 있기에 달콤하게 속삭였던 그날이 있었기에 자꾸만 아프다. 첫사랑은 영영 떠나 "당신이 앉았던/ 자리의 따스함도 식어/ 꽃 지는 소리만 만지작거"리고 있다. 심장에 쿵, 하고 들리는 "꽃 지는 소리"가 아프다. 저 꽃도 한때는 설렘의 꽃망울로 맺혀 필까 말까 은밀하게 밀당을 하다가 꽃잎 활짝 열어 사랑의 길로 들어섰을 텐데, 이제는 꽃이 지는 소리만 만지작거려야 한다. 첫사랑이 약속 시간에 오지 않으면 미련을 버리고 찻집을 나와야 하는데 무작정 그 자리에 머물러 있다. 왜 머물렀을까. "건방진 이별이/ 무심히 익숙해질 때까지" 기다렸을까. 아닐 것이다. 마음속으로는 첫사랑이 늦게라도 오기를 소망했을 것이다. 다행히 한 잔의 커피도 화자의 곁에서 기다려준다. 그 커피는 "쓴맛 나는 아픔이 무색하지 않게/ 블랙커피로 앉아 있"어 준다. 커피잔을 만지작거리며 쓴맛을 혀끝으로 굴리며 이별을 견디는 화자의 쓸쓸한 뒷모습이 보이는 듯하다. 시간은 흘러 저녁에 가닿는데 그 저녁이 "오늘도 내일도 외롭지 않게/ 곁을 지키고 있"다. 첫사랑의 아픔으로 힘들지만 무너지지는 않겠다고 한다. 어떻게든 아픔을 견디겠다고 한다. "약속"이라는 제목은 표면상으로는 첫사랑과의 만남의 약속이기도 하지만 한 걸음 더 들어가면 아프더라도 다시 일어서겠다는 자신과의 약속을 뜻하기도 한다. 이 시에서 식어가는 커피향 속에서 오지 않는 연인을 기다리는 시적 화자는, 이별이 사소하다는 듯 찻잔 속 달빛으로 물결치는 물무늬를 바라보고 있다. 연인이 앉았던 자리의 온기마저 사라지고 이별의 쓴맛이 익숙해질 때까지, 블랙커피처럼 묵묵이 그 자리에 앉아 지켜주는 기다림의 정서를 통해 외로움을 견디는 모습을 우아하게 담아내고 있다.

홍 드레스 하늘하늘
나들이 부산하고
줄줄이 따라나선
울긋불긋 시녀 행렬
가지 말라 애원해도
뒤돌아보지도 않고 훨훨

한때 태양 주름 잡던 청춘 시절
저 서러움 아는지 모르는지
하늘은 울먹거리며
소복 차림 부산하고

저기 우뚝 솟아오른 한라산
사철 산하 굽어보며
우리와 교신한 평생지기 동반자

눈 쌓인 봉우리마다
질펀히 깔아 놓은 산 교육장
화가에겐 눈부신 작품을
작가에겐 새로운 시의 종자를
가수에겐 색다른 작사 작곡을

원하는 자 모두에게
기회 주는 무일푼 제공자
언제나 두 팔 벌려 품어준
따스한 어머니 품속 같은 산

-「신비로운 산」 전문

이 시에서의 시적 화자는 과거의 화려했던 시절을 뒤로하고 떠나는 듯한 '홍 드레스'와 '시녀 행렬'의 이미지를 통해, 인생의 덧없음과 서러움을 묘사하고 있다. 계절은 늦가을에서 겨울로 접어들어 낙엽이 지고 있다. 떨어지는 낙엽을 아쉬워하며 "줄줄이 따라나선/ 울긋불긋 시녀 행렬/ 가지 말라 애원해도/ 뒤돌아보지도 않고 훨훨" 흩어지고 있다. 생로병사를 사람이 어찌할 수는 없지만 인연이 다해 그 인연을 놓아주는 일은 쉽지 않다. 한때 무지갯빛 이름으로 서로를 불러주며 추억을 쌓았을 텐데, 이별로 인한 빈자리가 얼마나 클까. 부재와 쓸쓸함을 견디며 불면의 밤을 건너야 하는데, 새벽은 멀고 적막은 가까워 주저앉은 날이 많았을 것이다. 밤의 눈물이 다급하게 흘러내리고 달빛도 없는 어둠을 견디어야 한다. "한때 태양 주름 잡던 청춘 시절/ 저 서러움 아는지 모르는지/ 하늘은 울먹"거리고 있다. 이별로 인한 아픔과 서러움이 가슴에 와닿는다. 시적 화자는 위태로운 상실에만 매몰되어서는 안 된다고 여겼는지 눈을 들어 "저기 우뚝 솟아오른 한라산"을 바라본다. 그 산은 "사철 산하 굽어보며/ 우리와 교신한 평생지기 동반자"였음을 깨닫는다. 슬픔이 다가올 때 우리는 그 슬픔을 견디지 못해 눈물로 밤을 지샌다. 하지만 날마다 울 수는 없다. 자신을 객관화하여 바라보며 방향을 잡아야 한다. 시적 화자는 한라산을 바라보며 삶의 방향을 재정비하고 있다. "우리와 교신한 평생지기 동반자"인 한라산과 시적 화자는 어떤 교감을 나누고 있다. 산이 다독여주는 위로에 마음을 기대며 우리는 다시 내일로 희망으로 꿈으로 성큼성큼 나아가야 한다. 자세히 들여다보면 산은 "눈 쌓인 봉우리마다/ 질펀히 깔아 놓은 산 교육장"이다. 사람들은 산의 말씀에 귀기울였기에 "화가에겐 눈부신 작품을/ 작가에겐 새로운 시의 종자를/ 가수에겐 색다른 작사 작곡을" 주었던 것이다. 산의 넉넉한 품에 감사드리고 있다. 결국 시적 화자는 '한라산'은 사계절 동안 우리 삶을 굽어보는 '평생지기 동반자'이자 따스한 '어머니 품속 같은 산'으로 정의하고 있다. 한라산은 예술가에게는 영감을, 모든 이에게는 '산 교육장'이자, '기회 주는 무일푼 제공자'로서, 변함없는 위안과 가치를 제공하는 신비로운 존재임을 노래하고 있다.

아카시아 꽃잎 닮은 희디흰 살결
나들이길 나서는 저 요염한 멋쟁이
바람이 끌어당긴 치맛자락은
하늘 날고파 바둥거리고
모란꽃 활짝 핀 머플러는
임 만나러 가자 칭얼댄다

아슬아슬 반짝인 하이힐
굽소리 요란한데
어디를 언제까지 걸을 건지
발걸음이 불편하다 투정 부려도
무조건 직진한다

금빛 머리카락 사이로
노을 곱게 물들고
보랏빛 숄더백은
깨끗한 이미지 구겨진다며
어지간히 걷자 귀가 독촉한다

뒤뚱뒤뚱 아가씨
승용차는 왜 타지 않고
두 발 걸음일까
맙소사 내 그럴 줄 알았지
발굽이 성질나 오기 덩어리가
한 움큼 뭉쳤네
고생 좀 허겄다.

-「당신을 표절하고파」 전문

이 시에서의 시적 화자는 봄날 외출에 나선 한 매력적인 여인의 모습을 감각적으로 포착해 놓고 있다. 표절의 사전적인 뜻은 시나 글, 음악 따위를 지을 때, 남의 작품의 일부를 자기 것인 양 몰래 따서 씀을 뜻하는 말이다. 그렇다면 "당신을 표절하고파"는 무슨 뜻일까. "아카시아 꽃잎 닮은 희디흰 살결/ 나들이길 나서는 저 요염한 멋쟁이"를 닮고 싶다는 뜻일까. 여인은 "바람이 끌어당긴 치맛자락은/ 하늘 날고파 바둥거리고/ 모란꽃 활짝 핀 머플러"를 목에 두르고 길을 걷고 있다. 여인은 "아슬아슬 반짝인 하이힐/ 굽소리 요"란하게 걷고 있다. 여인은 정해진 목적지가 분명하게 있는지 "어디를 언제까지 걸을 건지/ 발걸음이 불편하다 투정 부려도" 앞만 보고 걷고 있다. 이처럼 시적 화자는 아름답고 당찬 여인을 닮고 싶어한다. 그런데 갑자기 어떤 불만들이 쏟아지고 있다. "보랏빛 숄더백은/ 깨끗한 이미지 구겨진다며/ 어지간히 걷자 귀가 독촉"하고 있다. 시적 화자는 왜 이런 불평들을 풀어놓는 것일까. 겉으로 보기에 좋아 보인다고 하지만, 그 내면에는 그만이 앓고 있는 삶의 고민이 있을 수 있다는 것을 에둘러서 말하고 싶은 것일까. 아무리 잘난 사람이라 할지라도 그 나름의 고민이 있고 아픔이 있다. 당신을 표절하고 싶을 만큼 멋지다고 생각하지만 당신은 당신만의 약점이 있고 당신만의 좌절이 있다는 것을 드러내며 시적 화자는 스스로의 삶을 받아들이고 있는 듯하다. 시 속에서 그녀는 누군가를 만나러 가는 듯 직진하는 발걸음을 멈추지 않고 있다. 그러나, 치맛자락이 하늘로 날고 싶어 하거나, 하이힐이 걷기 불편하다 투정 부리는 등 그녀의 내면적 갈등이나 불편함이 의인화된 사물을 통해 드러나고 있다. 결국, 이 낭만적인 외출은 힘겨운 걸음으로 인해 발굽이 성나 오기가 뭉치는 고난으로 끝나고 있다. 이로써, 이 시는 아름다움 이면에 숨겨진 고생길의 역설을 유머러스하게 제시하고 있다.

지금까지 살펴본 바처럼, 임금남 시인의 시들은 일상의 순간들과 계절의 정경을 담아낸 단상들로 구성되어 있다. 각 소제목 아래 뚜렷하게 대비되는 상황과 감정을 섬세하게 포착해내고 있다. 때로는 해변의 생동감 넘치는 평화로움을 묘사하고, 때로는 뜻밖의 사고로 인한 혼란스럽고 무질서한 상황을 그려놓기도 한다. 또한 일상적인 소재를 사용하여, 그리움, 고독, 만남과 같은 보편적인 정서를 깊이 있게 탐색하기도 한다. 그리고, 자연물에 인간적인 속성을 부여해 사소한 장면들을 생동감 있게 표현하기도 한다. 궁극적으로 임금남 시인의 시들은 평범한 삶 속에서 발견되는 다채로운 아름다움과 예기치 않은 순간들을 기록하면서, 독자들에게 익숙한 것들을 새로운 시각으로 바라보게 해주고 있다. 이처럼, 임금남 시인의 시들은 시의 특질을 고루 갖추면서, 독자들의 시선을 끌어당기고 있다. 되도록 이미지 구현을 통해 사물을 보다 생생하고 생동감 있게 해놓고 있으며, 낯설게 하기, 즉 새로운 해석을 통해 싱그러움을 선물하고 있다. 이따금 인생의 참맛을 보여주는 감동의 전율까지 안겨 주어, 독자의 행복감을 증폭시켜 주고 있다.

앞으로도 제9, 제10시집을 발간하여, 변함없는 창작의 열정을 이어가길 바란다. 여생 동안, 꾸준히 시 창작 활동을 펼쳐, 후회 없는 시인의 길을 묵묵히 걸어가 주길 기도한다.

- 노란 은행잎이 깔린 사색의 오솔길에 멍하니 서서
한실문예창작(12개 문학회) 지도 교수 박덕은
(전북대학교 문학박사, 전 전남대학교 국어국문과 교수,
국어국문학과장 역임, 대한시문학협회 회장,
광주시민사회단체(523개)총연합회 대표회장, 노벨재단 이사장,
용아박용철기념재단 수석부이사장, 광주문학상(제1회),
광주문인협회 초대사무국장, 중앙일보 신춘문예, 새한일보 신춘문예,
전남일보(現; 광주일보) 신춘문예, 문화앤피플 신춘문예,
포랜컬쳐 신춘문예 당선, 김현승 문학상, 빛고을 문학상 수상,
『현대시창작법』, 『소설의 이론』 등 133권 발간)